PHILIPP BLOM

HOFFNUNG

Über ein kluges Verhältnis zur Welt

Hanser

1. Auflage 2024

ISBN 978-3-446-28135-6

Umschlag: Anzinger & Rasp, München
Motiv: © rolandtopor / 123RF
Satz: Greiner & Reichel, Köln
Druck und Bindung: GGP Media GmbH, Pößneck
Printed in Germany

MIX
Papier | Fördert gute Waldnutzung
FSC® C014496

für Elias

It's like fight, fight
keep going, keep going.
Hope and dreams
are like no, maybe not.

Bristol, 2023
mit rosa Lippenstift
auf einen Spiegel geschrieben

Hat man sein *warum*? des Lebens,
so verträgt man sich fast mit jedem *wie*?
Der Mensch strebt *nicht* nach Glück;
nur der Engländer tut das.

Friedrich Nietzsche, Götzen-Dämmerung.
Sprüche und Pfeile 12

INHALT

WARUM NOCH HOFFEN?

Den ganzen Tag hat es gedauert, bis ich mich nun endlich hinsetzen kann, um dir zu schreiben. Deine Frage ist mir nicht aus dem Kopf gegangen. In all dem Trubel musste ich dir die Antwort schuldig bleiben. Jetzt bin ich wieder unterwegs, und mein Leben ist auf das reduziert, was in meine Tasche passt, und auf einige Adressen und Telefonnummern in meinem Handy: Hotels, Termine, Kontaktpersonen. Jetzt bewegen sich die Gedanken wieder, nehmen sich den Raum, aus dem sie sonst verscheucht werden.

Also komme ich zurück auf deine Frage. Warum noch hoffen? Kann man überhaupt noch hoffen in dieser Zeit?

Wie kann ich dir darauf antworten? Du fürchtest dich vor Dingen, vor denen man sich fürchten sollte, vor Entwicklungen, die jegliches menschliche Maß übersteigen. Wir leben in einer Zeit, in der eine Ordnung zusammenbricht und eine neue noch nicht entstanden ist und vielleicht so bald nicht entstehen wird. Jede Generation glaubt von sich, einzigartig zu sein und vor dem Ende der Welt zu stehen, vor der Apokalypse, schon immer liefen Propheten umher, die so etwas predigten – aber diesmal ist es wahr.

Ist es also alles nur erbauliches Gerede, wenn die Leute immer noch über Hoffnung sprechen? Ein Teil der großen Illusionsmaschine und ein Trostpflaster für Trottel? Ist es nicht idiotisch, irgendwelchen Hoffnungen hinterherzulaufen, der Idee, dass irgendwie alles sich schon zurechtrütteln wird, dass alle hässlichen Unkenrufe ignoriert werden können und rettende Technologien vor der Tür stehen, dass wir uns zwar Gedanken machen, aber nicht verzweifeln müssen, weil wir innovativ sind und flexibel und bis jetzt noch immer eine Lösung gefunden haben und …

Ich habe irgendwann aufgehört zu zählen, wie oft ich vor meinen Vorträgen (darüber nämlich, was die Klimakrise, das Artensterben und die künstliche Intelligenz für die Zukunft von Demokratien und liberalen Gesellschaften bedeuten werden) darum gebeten werde, doch bitte auch etwas Optimistisches zu sagen, vielleicht mit einer hoffnungsvollen Note zu enden, nicht mit einem Downer. Als hätte man mich für eine garantiert glückliche Zukunft eingeladen. Anscheinend fühlen wir uns in der Kommunikation miteinander zum Optimismus verpflichtet und wollen uns auch angesichts der schrecklichsten Neuigkeiten gerne noch an einem Silberstreif am Horizont erfreuen. Sag doch noch etwas Nettes, Verbindliches. Mach ihnen Hoffnung!

Von Hoffnung zu reden hat Konjunktur. Ganze Karrieren setzen auf das Geschäftsmodell, den Leuten zu erzählen, dass eigentlich, dass tatsächlich alles immer besser wird, dass der Mensch gut ist, alle Indikatoren nach oben zeigen, dass (je nachdem, wo du politisch stehst) Solidarität und Verantwortung oder Innovation und Deregulierung oder die Wiedergeburt der Nation bald, sehr bald die Rettung bringen, Wirtschaftswachstum, technologische Innovation, globale Solidarität oder moralische Einsicht endlich unsere Krisen lösen werden.

Diese etwas plattfüßige Auffassung einer Art ewiger Seligkeit ist der zweite Aufguss einer christlichen Idee, nach der die Geschichte auf ein Ziel zugeht, auf die Erlösung, das Himmlische Jerusalem. Wir haben diese christliche Idee geerbt und nennen sie jetzt Fortschritt. Alles wird unaufhörlich immer besser.

Zu diesem Recht auf Optimismus kommt der vermeintliche Anspruch auf das Glück. Viele Menschen meinen heute, dass sie ein Recht darauf haben, in Sicherheit und Wohlstand zu leben. Eine historische Vision von einem guten Leben schrumpft ihnen zu einem Verbraucherrecht. Sie führen ein Leben mit Sicherheitskonzept und Schutzweste, mit Garantie, Rückgaberecht, Kreditplan, Verbraucherschutz, DIN-Normen, Zulassungsprozessen und Zertifizierung. Jede Enttäuschung kann in eine Beschwerde münden, in eine Klage, eine Verurteilung.

Hoffnung als Garantie, die bessere Zukunft als Verbraucherrecht?

Ja, das ist Gewäsch. Verbaler Müll, moralisches Appeasement. Aber das wollen die Leute hören. Sie zahlen gutes Geld dafür. Psychologen und Ratgeberinnen befehlen uns, positiv zu denken und optimistisch zu sein, Religionen bieten uns einen schützenden Raum für unsere Ängste und unsere Erlösung vom Tod, Business Coaches und Management-Konsulenten und Meditations-Apps verdienen mit Phrasen wie diesen ordentliches Geld. Die Leute wollen das. Es gibt einen Markt, also gibt es auch Produkte, um diese Nachfrage zu befriedigen. (Es gibt übrigens natürlich auch einen Markt für Untergangspropheten, aber der würde ja zusammenbrechen, gäbe es nicht die große optimistische Erzählung, an der diese Schwarzseherinnen sich abarbeiten können.)

Und so verbünden sich Menschen, um nichts zu sehen, sich keine Sorgen zu machen, den Schreihälsen nicht zuzuhören, ihre eigenen Fakten zu behaupten. Wenn immer am

Ende die gute Nachricht kommt, die Auflösung, die rettende Idee, die tiefe Reflexion über die Natur des Menschen oder die Evolution, die neue Technologie, dann wissen wir, dass am Ende der Geschichte alle Protagonisten, oder zumindest alle wichtigen, unversehrt durchgekommen sind. Manche von ihnen sind gestrauchelt und hätten es fast nicht geschafft und ein oder zwei (oder Millionen, wenn sie weit genug weg sind) sind auch tatsächlich dem Schicksal zum Opfer gefallen, aber sonst ist die Ordnung wiederhergestellt, es kann so weitergehen wie gehabt, Odysseus ist heimgekehrt.

Wenn dir diese Erklärung reicht, kannst du dir den Rest dieses Briefes sparen, aber ich weiß, sie reicht dir nicht, sonst hättest du dieses Gespräch nicht angefangen. Ich war nicht überrascht, dass du mich angesprochen hast. Oft steht nach einem Vortrag plötzlich ein Mensch in deinem Alter vor mir, und fast immer ist es dieselbe Frage, in verschiedenen Variationen, als ob ich darauf eine Antwort wüsste, nämlich ob es jenseits der Lügen noch Hoffnung gibt. Überrascht war ich nur, als wir uns wiedergesehen haben am nächsten Tag, dass du gekommen bist, um noch mehr zu fragen. Ich muss gestehen, dass ich deiner freundlichen Beharrlichkeit nichts entgegenzusetzen hatte. Du hast mich nach dem Hoffen gefragt und warst nicht zufrieden mit Plattitüden und Standardantworten, und ich musste dir eine bessere Antwort schuldig bleiben, weil der nächste Termin drängte.

Ich war dankbar für deine Geistesgegenwart, mir zumindest deine E-Mail-Adresse aufzuschreiben, und seitdem haben mich deine Fragen nicht losgelassen. Ich habe noch keine Antwort für dich, aber ich habe mich auf den Weg gemacht, und wir können diesen Weg ein Stück weit gemeinsam gehen, wenn du willst – und wenn es auch nur schriftlich ist.

Also, abseits von der Rhetorik, ist Hoffnung heute noch möglich? Ist es nicht zynisch, sich oder anderen abzuverlangen, angesichts des allgemeinen Zusammenbruchs eine glückliche Miene aufzusetzen und von Hoffnung zu faseln? Ist das alles, was uns dazu einfällt?

Wenn du aber darauf bestehst, nicht Teil dieser Verschwörung des Nichtwissens zu sein, und danach fragst, wie die nächsten Jahrzehnte aussehen werden, dann ist die Antwort der besten naturwissenschaftlichen Modelle ausgesprochen ernüchternd. Du hast ganz recht, wenn du Angst hast und tief besorgt in die Zukunft blickst.

Um es kurz zu machen: Wir befinden uns, die Menschheit befindet sich in einer dreifachen existenziellen Krise, die sich in zahllose kleinere zersplittert, die sich vielfach überlappen. Die drei ineinandergreifenden Arme dieser Krise sind die Erderhitzung, der Zusammenbruch der Artenvielfalt und die Risiken von Digitalisierung und künstlicher Intelligenz. Jede davon hat das Potenzial, einen Großteil des Lebens auf diesem Planeten auszulöschen oder zumindest zutiefst zu beschädigen oder zu vermindern. Jede von ihnen hat bereits heute immense Ausmaße und unabschätzbare, unvorstellbare Konsequenzen.

Hier sind sie, unsere apokalyptischen Reiter:

Ein Temperaturanstieg um drei Grad (und darauf läuft noch immer alles hinaus) könnte einen großen Teil der Menschheit zur Flucht aus ihrer angestammten Heimat zwingen, verheerende Kriege um Wasser und Land verursachen, die Küstenlinien der Welt verändern, Ozeanströmungen und Wettersysteme umkehren, enorme Landstriche versteppen lassen, immense Mengen von Methan freisetzen und die globale Wirtschaft wie auch moderne Staaten zusammenbrechen lassen, ganz abgesehen von ihrem Effekt auf natürliche Organismen und ganze Ökosysteme, die ohne ausreichend Zeit zur Anpassung zum Zusammenbruch verurteilt sind, während Kaskaden von Arten verschwinden und tiefe Löcher in das Netz des Lebens reißen. Zusammen mit den immer häufigeren Naturkatastrophen und extremen Wettersituationen wäre das an sich schon eine Art Apokalypse. (Und natürlich wird der Planet wieder einen Zustand des Gleichgewichts finden, und das Leben wird sich anpassen – aber viel zu langsam für uns.)

Was mit der Vielfalt des Lebens auf diesem Planeten passiert und wie rapide dieser Zusammenbruch sich vollzieht, ist nicht weniger fürchterlich. Nicht nur, dass täglich Hunderte von einzigartigen Organismen aussterben, noch bevor sie jemals von Menschen identifiziert wurden – die rapide Veränderung und Verschlechterung von Lebensräumen führt dazu, dass Schlüsselarten verschwinden, auf denen ganze Ökosysteme aufbauen. In manchen Gegenden Europas sind schon jetzt durch Pestizide und Monokulturen achtzig Prozent der Insekten verschwunden. Die Verödung ganzer Landschaften oder Meeresregionen lässt sich in vielen Fällen gar nicht mehr oder nur sehr langsam wieder rückgängig machen. Mikroplastik hat inzwischen nicht nur den tiefsten Grund der Ozeane erreicht, sondern ist auch in menschlichen Hirnen und in Muttermilch gefunden worden, und jede Minute verschwinden dreißig Fußballfelder Regenwald und eine Million Tonnen arktisches Eis (ja, du hast richtig gelesen, jede Minute).

Digitalisierung und künstliche Intelligenz sind zwei unterschiedliche Kräfte, die aber miteinander zusammenhängen. Beide bergen Potenziale und Gefahren, die wir noch gar nicht abschätzen können. Allein in der Biologie reichen sie von durch KI auf persönliche Genprofile zugeschnittenen Therapien mit speziell designten Molekülen bis hin zu neuen Biowaffen. Aber sie ziehen auch noch andere Konsequenzen nach sich, zum Beispiel einen Verlust von menschlicher Arbeit, der westliche Gesellschaften in den nächsten Jahrzehnten treffen wird. Weite Teile unseres Zusammenlebens und der politischen Machtverhältnisse werden sich verändern. Wovon sollen die Menschen leben? Und wer sind wir überhaupt in einer vollständig digitalisierten Welt? Können wir, permanenten Reizen ausgesetzt, die unsere Aufmerksamkeit okkupieren, verhindern, zu inkompetenten Narzissten zu degenerieren, die in einer Wolke personalisierter News und algorithmisch designter Unterhaltung vor ihren Bildschirmen dahinvegetieren? Und wie funktioniert dann eine Demokratie? Wer trifft dann noch die Entscheidungen?

Wie können wir Wirklichkeit und Fiktion, Systeme und Menschen voneinander unterscheiden, wenn KI immer besser darin wird, die Unterschiede zu verwischen? Wann wird die künstliche Intelligenz die menschliche überflügeln und hinter sich lassen? Basteln wir an unserer eigenen Überflüssigkeit? Du kennst vielleicht Goethes Ballade vom Zauberlehrling, aus der auch mal ein Disney-Film geworden ist (liebevoll per Hand animiert und begleitet von klassischer Musik). Der Meister ist aus dem Haus, und der Zauberlehrling soll die Hausarbeit machen, also erweckt er die Besen und Eimer und Putzlappen zum Leben. Sie machen ihm die Arbeit, aber sie weigern sich, seinen Gegenzauber zur Kenntnis zu nehmen, und hören nicht mehr auf, Wasser zu tragen und zu schrubben und alles zu überschwemmen, bis der Lehrling in seiner Not (»die Geister, die ich rief, die werd' ich nicht mehr los!«) nach dem Meister rufen muss, der mit einem einzigen Zauberspruch alles wieder in Ordnung bringt. Ich habe den deutlichen Eindruck, dass wir dieser Zauberlehrling sind. Aber da ist kein Meister, den wir rufen könnten. Nietzsche würde sagen: Wir haben ihn ermordet.

Klimaerhitzung, die Zerstörung von Ökosystemen, die Verschmutzung der Ozeane, der Zusammenbruch der Artenvielfalt, die Explosion von künstlicher Intelligenz und Digitalisierung in allen Lebensbereichen – und im Kontrast dazu hinter unseren Grenzen altmodische, mörderische Kriege, in die wir längst verwickelt sind und die noch weiter zu eskalieren drohen, enorme Fluchtbewegungen, hilflose Staaten, die immer größere Teile ihrer demokratisch legitimierten Macht an Märkte abgeben: Wir sägen an dem Ast, auf dem wir sitzen, und singen dabei ein fröhliches Lied.

Das gilt normalerweise nicht als besonders intelligent, aber wir sind intelligent. Wir entwickeln sogar wissenschaftliche Modelle, die uns genau vorhersagen, was passiert, wenn wir so weitermachen wie bisher, und wir machen so weiter wie bisher, und die Modelle sind wahnsinnig clever, sie behalten recht, erstaunlich oft. Und wenn sie mal nicht recht hatten, dann nur, weil sie zu unterkomplex oder zu konservativ waren und die Entwicklungen sich noch beschleunigen durch kommunizierende oder sich wechselseitig verstärkende Effekte.

»Lasst alle Hoffnung fahren, ihr, die ihr eintretet.« Dantes Inferno scheint unsere Zukunft geworden zu sein. Die Gesellschaften, die ich kenne und in denen ich lebe, also hauptsächlich die europäischen, haben sich längst daran gewöhnt, sich vor der Zukunft wie vor einem Virus zu fürchten.

Die Zukunft ist in unseren Breiten kein Versprechen mehr, wie das vielleicht vor hundert Jahren noch selbstverständlich war. Damals setzten Millionen Menschen auf Ideologien, denen sie zutrauten, die Probleme der Welt ein für alle Mal zu lösen. Es würde einen Kampf geben, der würde blutig werden, aber am Ende stünde dann der Sieg der Arier, der Herrenrasse, der Arbeiterklasse, des Proletariats, der Christenheit, des Islam, des Imperiums, des Marktes. Die Menschen dachten im Ernst, dass dies der Moment sein würde, in dem alle existenziellen Probleme gelöst sein würden. Wenn man Krankheiten durch eine Impfung behandeln kann, dann sind Armut und Hunger als Nächste dran, dann wird die Welt endlich ganz der menschlichen Kontrolle und Steuerung unterworfen.

In Zeiten solcher Erwartungen war es recht einfach zu hoffen. Aber wir leben nicht mehr in Zeiten naiven Zukunftsglaubens. Die letzten beiden Jahrhunderte haben uns gezeigt, dass schlecht investierte, dumme Hoffnungen zu Katastrophen führen. Die vielleicht blutigsten und grausamsten Episoden der Geschichte entstanden aus den glühendsten Hoffnungen. Die Millionen, die auf den Sieg der Herrenrasse, der einzig wahren Religion, des Reiches oder der Diktatur des Proletariats hofften und bereit waren, dafür über Leichen, über schrecklich viele Leichen zu gehen, rücken die Hoffnung in ein zweifelhaftes Licht. Hoffnung hat immer eine moralische Komponente, weil sie mit einer Idee von einem guten Leben zu tun hat, und moralische Annahmen ändern sich. Sie können genauso schnell verschwinden und sich ins Gegenteil verkehren, wie ein Vermögen verschwinden kann oder ein beliebiger Mensch in Stalins oder Putins Russland.

Hoffen, so zeigt sich, ist schön und gut, wer aber auf das Falsche hofft, macht sich, ob sie will oder nicht, zur Komplizin von Folter und Massenmord. Da kann man sich nicht hinterher damit entschuldigen, dass sich diese Ideologie, diese kollektive Geschichte, einfach richtig anfühlte oder dass man nichts wusste, dass einem niemand etwas gesagt hatte. Wenn es um Gewalt geht, um tödliche Gewalt, kann man sich nicht mehr auf seine Gefühle hinausreden.

Vor einigen Jahren habe ich im Radio ein Interview mit einer alten Übersetzerin russischer Literatur geführt, einer sanften Frau, die auf die achtzig zuging. Ihr Vater, ein kommunistischer Funktionär aus Österreich, war in den 1930er Jahren, als Kommunisten in seiner Heimat verfolgt wurden, mit seiner Familie nach Moskau eingeladen und im berühmten Hotel Lux untergebracht worden, in dem alle kommunistischen Ehrengäste aus dem Ausland wohnten – und wo Genosse Stalin ein Auge auf sie haben konnte.

Die Übersetzerin beschrieb ihre Kindheit an diesem seltsamen Ort, an dem sich jeden Tag ungeheurer Idealismus und Hoffnung auf eine bessere Welt und die Angst vor der Geheimpolizei und dem plötzlichen, spurlosen Verschwinden von Freunden und Bekannten mischten. Sie selbst war in jungen Jahren ebenfalls eine glühende Kommunistin gewesen und hatte in der Sowjetunion das neue Jerusalem gesehen, aber irgendwann war sie desillusioniert nach Österreich zurückgekehrt, in ein Land, das sie kaum kannte.

Seitdem hatte sie russische Literatur übersetzt, war aber nur kaum noch am Ort ihrer Kindheit gewesen.

Ich fragte sie:

»Wie können Sie sich erklären, dass dieses Projekt, an das Sie so tief geglaubt haben wie Millionen andere auch, dieses Projekt, in das so viele Menschen ihre Hoffnungen investierten, überall da, wo es umgesetzt wurde, eine breite Blutspur durch die Geschichte und die Träume der Menschen gezogen hat?«

Da war es still.

Wir waren live auf Sendung. Immer noch Stille. Man wird in dieser Situation etwas nervös, wenn gar nichts passiert. Dead Air nennt man das. Aber sie saß da und überlegte lange und sagte dann endlich ganz einfach:

»Wissen Sie, mein ganzes Leben habe ich über diese Frage nachgedacht, jeden Tag. Und heute muss ich Ihnen sagen: Ich weiß es nicht.«

So wie ihr ging es vielen Millionen von Menschen, die sich für ein Ideal engagiert haben, um am Ende zu erkennen, dass ihr Einsatz umsonst war, dass sie ihre Kraft und Zeit und Hoffnungen verschwendet hatten, oder schlimmer noch, dass sie Komplizen von Mordbanden oder Mördern geworden waren, alles für eine gute Sache, die in immer weitere Ferne gerückt und endlich ganz verschwunden war. Hunderte von Millionen von Menschen standen im 20. und frühen 21. Jahrhundert vor den Trümmern ihrer Träume und Hoffnungen. Jeden Tag werden Menschen auch heute noch aus ihren Häusern gebombt, Menschen, die häufig gerade in ihrer Verzweiflung tief und brennend hoffen, auch wenn manche ihrer Hoffnungen Rachefantasien sind.

Hoffnung scheint Trümmer zu lieben, aber das ist so

eine schlichte Soundbite-Weisheit, der man schon aus Prinzip misstrauen muss. Dabei ist es eigentlich andersherum. Wenn Menschen Hoffnung haben, können sie vieles überstehen, ohne sie zu verlieren. Aber auch in einer reichen und friedlichen Gesellschaft kann man ohne Hoffnung sein. (Warum das so ist, müssen wir noch erkunden.)

Entschuldige diese harte Lektion in Sachen Realismus, aber gerade wenn du dich fragst, ob es möglich ist zu hoffen, darfst du nicht von falschen Voraussetzungen oder frommen Illusionen ausgehen, sondern musst klar sehen, wo wir stehen und was auf uns zukommt, in welcher Welt du auf diese Hoffnung zurückgreifen wirst.

Ist Hoffnung deswegen unmöglich? Sagen wir es so: Wenn du dich auf die Suche nach einer klugen Form der Hoffnung begeben willst, einer Möglichkeit einer solchen Hoffnung, wird es wichtig sein zu verstehen, wo du stehst, und zu erkennen, dass Hoffnung auch bedeutet, Risiken einzugehen, und dass diese Risiken verwundbar machen.

Zu diesen Risiken gehört, dass du im Voraus nicht wissen kannst, ob sich dein Einsatz lohnen wird und ob deine Hoffnungen nicht zertrampelt oder bis zur Unkenntlichkeit entstellt werden. Politische Hoffnungen verlangen einen langen historischen Atem, denn die wenigsten Menschen, die in der Vergangenheit versucht haben, etwas zu verändern, haben es auch geschafft.

Andererseits aber kann ich dir diesen Brief nur schreiben, kannst du dein Leben nur leben, weil zahllose Menschen vor uns gehofft und gekämpft haben für Dinge, die völlig unrealistisch und unerhört waren. Von den meisten dieser Heldinnen und Helden kennen wir nicht einmal mehr den

Namen, und die wenigsten unter ihnen haben erreicht, wofür sie gekämpft hatten. Viele sind in der Überzeugung gestorben, dass sie gescheitert sind, dass ihre Hoffnung nicht realisierbar war. Aber nur weil sie alle Teil einer Kette der hoffnungslosen Hoffnung geworden sind, gibt es heute Länder, in denen Menschen frei ihre Gedanken äußern können, frei und gemeinsam über ihre Zukunft entscheiden können (zumindest im Prinzip!).

Hoffnung ist oft ambivalent und schwer zu erkennen, schreibt Rebecca Solnit, weil sie ein eigenes, sozusagen unterirdisches Netz an Geschichten und Verbindungen webt, das auf den ersten Blick nicht sichtbar ist. Der »Arabische Frühling« von 2011, bei dem Hunderttausende von Menschen in der arabischen Welt es wagten, von einer besseren Welt ohne vergreiste Diktatoren zu träumen, und dafür in Massen auf die Straße gingen, war inspiriert von dem amerikanischen Bürgerrechtsaktivisten Martin Luther King zwei Generationen früher, aber die Kette der Inspiration durch Bücher, Begegnungen und gemeinsame Hoffnungen reicht weiter, von King zu Mahatma Gandhi und weiter zurück zu Leo Tolstoi und den radikalen Protesten der britischen Suffragetten, die um 1900 für das Frauenwahlrecht kämpften und sich dabei wiederum auf die Französische Revolution beriefen. Es ist wie ein Wurzelgeflecht, das durch die Geschichte wächst, ein unterirdisches Myzel, von dem wir nur die Früchte sehen, die über der Erde als Pilze plötzlich aus dem Boden zu schießen scheinen.

Der Arabische Frühling allerdings hat nicht zu dauerhaftem positiven Wandel in der Region geführt, im Gegenteil. Während der Aufstände kamen 60 000 Menschen ums Leben, und auch der Zusammenbruch Libyens und der fürchterliche syrische Bürgerkrieg gehören zu seinen Konsequenzen. Heute ist die Situation in den meisten arabischen Ländern im Mittelmeerraum verzweifelt, und die Staaten agieren autoritärer denn je. Ist es also besser, nicht zu hoffen? Oder braucht man einfach einen viel längeren historischen Atem, um zu verstehen, welche Effekte dieser Moment des kollektiven Hoffens und der kollektiven Ermächtigung bei einer bestimmten Generation auslöste, ob er Inspirationen für neue und erfolgreichere Hoffnungen lieferte oder ob er in der Vergessenheit verschwunden ist, die eine Diktatur dem Leben aufzwingt?

Große Hoffnungen politisch umzusetzen ist immer schwierig, frustrierend und langwierig, und die Resultate werden nie von allen Seiten anerkannt. Realisten werden argumentieren, eine Lösung sei besser als keine, Idealisten beklagen, dass ihre Träume verraten wurden. Die Friedensprozesse in Kolumbien und in Rwanda etwa stehen bis heute in der Kritik, aber sie haben dazu geführt, dass weniger Menschen politischer Gewalt zum Opfer gefallen sind und zahllose Familien begonnen haben, sich eine Zukunft aufzubauen. Auch wenn solche Prozesse immer wieder ins Stocken geraten und nur selten zu dauerhaften Lösungen führen, haben sie es Kindern ermöglicht, wenigstens zeitweise in Friedenszeiten aufzuwachsen, und die Erfahrung vermittelt, dass eine Einigung über die tiefsten Gräben hinweg möglich ist. Auch das ändert etwas.

Alle Hoffnungen, die sich erfüllt haben, werden durch die Trägheit der Wirklichkeit verändert und verzerrt. Aber man vergisst auch leicht, dass vieles tatsächlich erreicht worden ist. Wir neigen nun einmal dazu, alles, was wir einmal erreicht haben und was uns noch gestern völlig unmöglich schien, schon morgen als müde alte Selbstverständlichkeit oder als schlechte Kopie unserer Ideale zu verachten. Die Europäische Union etwa ist nicht nur enorm unbeliebt, sondern auch sehr, sehr weit davon entfernt, perfekt oder auch nur wirklich demokratisch zu sein. Trotzdem wäre noch vor hundert Jahren die Vorstellung völlig aberwitzig erschienen, dass verfeindete Nationen, die in ihren Kriegen gegeneinander Millionen von Menschen verheizt hatten, sich zu einem Bündnis zusammenschließen würden, das über die längste Friedenszeit auf dem Kontinent wacht. Das hat sicher nicht nur mit Hoffnung zu tun, sondern auch mit der Erfahrung der Weltkriege. Manchmal aber kann ein Trauma, eine begründete Angst, eine starke gemeinsame Erfahrung neue politische Möglichkeiten schaffen, die vorher nicht denkbar gewesen wären.

Das ist es, was ich dir bei unserem letzten Gespräch sagen wollte, warum ich dir keine befriedigende Antwort geben konnte: Die katastrophalen Umstände haben uns an den Rand der Verzweiflung getrieben, und nach mehr als einem Jahrhundert enttäuschter Hoffnungen und Ideologien ist es überhaupt schwerer geworden, noch zu hoffen. Trotzdem: Es ist gut, sich daran zu erinnern, dass Hoffnung tatsächlich die Kraft haben kann, eine Wirklichkeit zu durchdringen und zu verwandeln.

Für viele Menschen, mit denen ich spreche, liegt diese Kraft allerdings außerhalb ihrer Reichweite. Die Zukunft ist zur Bedrohung geworden. Trotz aller Errungenschaften der letzten Jahrzehnte, trotz Reichtum und Wachstum und Wissenschaft und Unterhaltung, trotz aller Sportplätze und Einfamilienhäuser, Straßen und Supermärkte und Restaurants, trotz Flatscreens und Urlaubsflügen und zwei Generationen Frieden ist die Zukunft für viele Menschen ein Ort, den sie vermeiden wollen, denn sie wird nichts Gutes bringen.

Es ist schwerer zu hoffen, wenn man in Gesellschaften lebt, die das Morgen eigentlich abwenden wollen, die nichts zu tun haben wollen mit Veränderung, die alles tun, um nicht zu verlieren, was sie angehäuft haben, deren schönste Hoffnung ist, dass sich nichts ändern wird, weil alle ahnen, dass nicht alles noch besser wird, noch reicher, noch sicherer, noch freier, noch geiler.

Aber die Dinge ändern sich, rasend schnell und destruktiv, fremd wie ein Dezembertag im letzten Winter, an dem bei sommerlichen fünfundzwanzig Grad die Sonne winterlich tief über dem Horizont hing. Die Welt ist aus dem Lot geraten. Die Menschen haben Angst. Also suchen sie nach den Führern und Parteien, die ihnen versprechen, dass sich gar nichts ändern wird und dass sie sich schon gar nicht ändern müssen, denn sie sind die Normalen, die Anständigen, sie haben eigentlich schon immer recht gehabt, und alles, was jetzt notwendig ist, ist, eine schöne, hohe Mauer um das Land zu bauen und alle, die nicht so aussehen wie wir, zu deportieren, und dann wird wieder Ordnung herrschen, dann wissen wir wieder, was ein Mann ist und was eine Frau und was ein Patriot ist und was ein Fremder und wie man zwischen ihnen unterscheidet. Drill, baby, drill.

Es ist schwerer geworden zu hoffen in Gesellschaften, in denen die Hälfte in eine Vergangenheit zurückkehren will, die es nie gegeben hat, während ein anderer Teil mit quasireligiöser Gewissheit behauptet, dass das Projekt der westlichen Gesellschaften von vorneherein unmoralisch und böse gewesen sei, gegründet auf nichts als Unterdrückung,

Hass, Sklaverei und Zerstörung, und letztendlich eine Verschwörung zum Massenmord.

Die Borniertheit der rechten Kameraden stößt genauso ab wie die Selbstgerechtigkeit der Neuerfinder aller Tugend. Die wenigsten von ihnen haben große Visionen für die Zukunft, und wenn sie sich damit auseinandersetzen, dann sind es Dystopien, die unsere Gesellschaft am Fließband produziert. Das ist angesichts der auf uns zurasenden Probleme sehr verständlich, aber es heißt auch, dass wir die Zukunft nur als schrecklichen, gefährlichen Ort sehen lernen.

Übrigens schreibe ich dir diese Zeilen im Zug. Tiefe, dunkle Wolken hängen über der Landschaft, die träge an meinem Fenster vorbeizieht. Vor hundertfünfzig Jahren, als Züge noch neu und abenteuerlich waren, gab es Jahrmarktsattraktionen, in denen man sich in einem stehenden Waggon in ein Zugabteil setzen konnte, und dann zog am Fenster ein Landschaftspanorama vorbei, auf riesige Leinwandrollen gemalt und per Kurbel abgerollt. Für viele Jahrmarktsbesucher war das die einzige Reise, die sie jemals unternommen hatten. Aber auf diesen Fahrten und über den gemalten Panoramen schien immer die Sonne, denn sie gingen ja einer besseren Zukunft entgegen, zum Licht.

MÜLLSAMMLER IM MORGENGRAUEN

Jeden Morgen kommt er, ganz früh, wenn die Sonne gerade aufgeht. Ich kann ihn schon von weitem sehen, zuerst als dunklen Punkt, der im Lichtkegel einer Laterne erscheint, dann unter der nächsten, bis er endlich bei den Containern angekommen ist. Er stellt seinen Karren ab, sodass die Deichsel in die Luft ragt, und beginnt ruhig und methodisch den Müll durchzugehen, den ich und andere Hotelbewohner hinterlassen haben. Er sortiert alles aus, was sich recyceln lässt, packt es in Plastiksäcke und lädt es auf seinen Karren. Etwa zwanzig Minuten dauert das, inzwischen ist es hell geworden. Der Mann, er trägt Jeans, eine Baseballmütze und ein T-Shirt mit einer Aufschrift, die ich aus der Entfernung nicht lesen kann, ist hager und muskulös. Er mag vierzig Jahre alt sein, vielleicht auch jünger, dieses Leben lässt einen schnell altern. Er ordnet seine Ladung und macht sich dann wieder auf den Weg zurück. Morgen wird er wiederkommen.

Grüße aus Bogotá. Von meinem Hotelzimmer im siebten Stock hinunter sehe ich die Stadt aus der Vogelperspektive. Unter mir liegt ein kleiner Park, in dem Halbwüchsige Fußball spielen, gleich daneben die Müll-Sammelstelle des Hotels. Ich habe viel Zeit zum Nachdenken hier, denn allein durch die Stadt zu laufen wäre zu gefährlich. Ich kann von dieser gläsernen Festung aus in ein Taxi steigen und mich mit Menschen treffen, die hinter elektrischen Zäunen und Stacheldraht leben, vorbei an einem bewaffneten Security-Typ in Uniform. Es ist sehr anders hier als in Europa. Einmal bin ich trotzdem spazieren gegangen, genauso wie ich es zu Hause tun würde. Nicht weit vom Hotel kam ich zu einer kleinen Straße mit verschlafenen, offenbar verschlossenen Häusern mit hohen Zäunen und Gittern vor den Fenstern, und innerhalb von wenigen Minuten erschien ein junger Typ auf einem Motorrad, der mich mehrmals in engen Schleifen umkreiste. Ich begann schneller zu gehen, und er verschwand wieder. Seitdem verlasse ich das Hotel kaum noch allein. Ich sehe nicht aus wie die Menschen hier, und ich weiß nicht, wie man sich hier verhält. Ich bin ein einfaches Ziel.

Ich bin hier, um an einer Ausstellung zu arbeiten. Sie trägt den Titel *violencia y memoria (life is sacred)*. Gewalt und Erinnerung prägen die Geschichte, die ich damit erzählen will. Mehr als ein halbes Jahrhundert tobte in Kolumbien ein brutaler Bürgerkrieg. Ein großer Teil des Landes war off limits und wurde von Guerilleros, Drogenhändlern und Milizen beherrscht, die jeden Widerstand, jeden Widerspruch und jeden schiefen Blick mit unbeschreiblicher Gewalt bestraften und ihre Gegner grausam zu Tode folterten oder einfach verschwinden ließen. Dörfer, die von Rebellen eingenommen und beherrscht wurden, gerieten nach Kämpfen in die Hände von Milizen, die alle ermordeten, auch wenn sie den Rebellen nur ein Glas Wasser angeboten hatten. Später kehrten die Rebellen zurück und bestraften diejenigen, die den Soldaten Essen verkauft hatten.

Mord um Mord mit Gewehren, Macheten und Kettensägen, Wellen von Folter, Vergewaltigung und Tod, Bauern, die gezwungen wurden, Coca anzubauen, und dann sehen mussten, wie die Armee ihre Felder und ihren Lebensunterhalt vernichtete, Bombenanschläge und Morde an Politikern und Journalisten in den Städten, Tausende von jungen Männern, die von korrupten Armee-Einheiten erschossen und in die Uniformen von Rebellen gesteckt wurden, um staatliche Abschussprämien zu kassieren – eine Orgie der unentrinnbaren Gewalt, in der ein Menschenleben nichts wert war, die das Leben von zwei Generationen überschattete.

Und doch ist dies kein hoffnungsloser Ort; nicht für die Bauern, die alles verloren haben, die Indigenen, deren Lebensweise zerstört wurde, oder die Müllsammler von Bogotá, vierzigtausend Menschen (die meisten von ihnen Männer), die jeden Tag bei Morgengrauen losziehen, um unter den weggeworfenen Resten des Wohlstandes noch etwas Verwertbares zu finden. Schon bei meiner Reise vor zehn Jahren habe ich das beobachtet. Jetzt, nachdem der Krieg mit den Rebellen offiziell beendet ist, ist dies ein Land im Aufbruch, auch wenn die Gewalt noch längst nicht aufgehört hat. Viele der früheren Freiheitskämpfer sind professionelle Drogenproduzenten geworden, die keine politischen Forderungen mehr stellen und mit denen man auch nicht verhandeln kann. Sie werden weitermachen. Die Profite sind einfach zu immens. Nur eine Legalisierung von Kokain in den USA und in Europa könnte ihr Geschäft ruinieren, aber die ist nicht absehbar. (Die paradoxe andere Hoffnung für Kolumbien, hat mir jemand erzählt, wären synthetische Drogen wie Fentanyl, die Kokain vom Markt fegen könnten.)

Das Land geht seiner Zukunft mit einer riesigen Last entgegen, und trotzdem wollen die Leute diese Zukunft. Mit unglaublicher Hartnäckigkeit machen sie weiter, erfinden sich immer wieder neu, weigern sich einfach aufzugeben. Mich faszinieren die Künstlerinnen und Künstler, die vor dem Hintergrund dieses Grauens darum kämpfen, den Ereignissen und ihren eigenen Emotionen eine Form zu geben, sei es als Anklage, als Zeugenschaft oder als Vision. Eine von ihnen ist Nohemí Pérez. Sie hat ihr Studio im elften Stock eines Hochhauses, in einer kleinen Wohnung. Ihre Bilder sind sehr groß, und sie lagert die meisten von ihnen zusammengerollt.

Es dauert etwas, bis Nohemí eins der riesigen Panoramen, an denen sie arbeitet, auf dem Boden ausgerollt hat, und meine Füße haben kaum noch Platz, davor zu stehen. Ich blicke auf eine Dschungel-Landschaft, mit Holzkohle gezeichnet, riesige Baumstämme, ausladend buckelnde Wurzeln, verästelte Baumkronen mit Blättern und Lianen und bedrohlichen, dunklen Wolken dazwischen. Holzkohle eignet sich gut für kleinformatige Bilder, weil sie sehr dramatische, atmosphärische Szenen schaffen kann. Dieser Wald aber misst zwei mal sechs Meter, und die schwarze Kohle schafft unglaubliche Kontraste, ballt sich zu Nebeln, die zwischen den Bäumen schweben wie Abgase aus unsichtbaren Motoren oder Schornsteinen.

Zwischen diese monumentalen Stämme sind Eidechsen, Vögel, kleine Säugetiere und Blumen mit buntem Garn eingestickt, winzige leuchtende Tupfer in der schwarz-weißen Landschaft. Als meine Augen langsam lernen, sich im Gewirr der Vegetation zurechtzufinden, sehe ich noch etwas: kleine, zerbrechliche, mit ganz leichten Linien eingezeichnete menschliche Figuren, die durch diesen Urwald gehen, kaum mehr als Konturen, auf der Flucht vor der Gewalt, die ihre Dörfer zerstört hat, auf der Suche nach einem besseren Leben irgendwo, wo sie nicht mehr in Angst leben müssen.

»Wenn du den Bürgerkrieg verstehen lernen willst, musst du Fragmentos besuchen«, sagen mir mehrere Freunde unabhängig voneinander, und so nehme ich ein Taxi in die historische Innenstadt, direkt zum Präsidentenpalast, und besuche dieses Monument des Bürgerkriegs. Das Mahnmal ist ein Werk von Doris Salcedo. Zuerst komme ich in den Vorhof eines alten Hauses, das im 17. Jahrhundert erbaut wurde und zur Ruine verfallen ist. Eine schlichte Rampe führt mich in einen großen Raum, einen Kubus. Die Wände sind weiß, außer einem Film über die Entstehung des Mahnmals gibt es hier nichts zu sehen. Höflich frage ich die Führerin, wie ich dieses Monument verstehen soll.

»Sehen Sie sich einmal an, worauf Sie stehen«, sagt sie schlicht.

Der Boden besteht aus quadratischen Metallplatten, mit Verwerfungen in der Oberfläche wie Bettlaken auf einem ungemachten Bett. Ich verstand noch immer nichts.

»Kommen Sie«, fordert die Führerin mich auf, »der Film wird es Ihnen erklären.«

Eine Viertelstunde später bin ich wieder in diesem Raum, diesmal sprachlos und beklommen. Ich weiß jetzt, worauf ich stehe. Neunundsechzig Tonnen der Maschinengewehre, die von den Rebellen nach dem Friedensschluss abgegeben wurden, wurden eingeschmolzen. Aus dem Metall wurden Kacheln gegossen. Diese Kacheln wurden dann an Frauen übergeben, die während des Krieges sexuelle Gewalt erfahren hatten. Sie bekamen Vorschlaghämmer in die Hand, und sie haben ihre Erfahrungen und Emotionen in dieses Metall hineingehämmert, -gedroschen und -geschlagen. Das ist es, worauf ich stehe; auf den Waffen, die getötet haben, auf dem Leid ihrer Opfer, auf einem Neubeginn.

Wie kann ich hoffen angesichts der Zerstörung?

Hier, in Bogotá, stellt sich mir eine andere Frage: Was heißt das eigentlich, hoffen können? Wie ist es möglich, dass Menschen unter solchen Bedingungen nicht aufgeben, sondern einfach weitermachen, Kinder in die Welt setzen und lieben und zufällige Schönheit bewundern und sogar noch die Energie finden, wieder von vorne anzufangen?

Hoffnung, wird hier deutlich, ist etwas anderes als Optimismus, und sie ist auch nicht passiv. Diese Menschen haben nicht einfach darauf gewartet, dass alles besser wird, und sie wussten auch nicht, ob es in ihrer Lebenszeit noch besser werden könnte. Aber sie haben trotzdem daran festgehalten, ihre Familien großzuziehen und mit allen Mitteln nicht nur irgendwie zu überleben, sondern neue Wege zu suchen, durch den Dschungel, durch die Gewalt, durch die Verzweiflung neue Landkarten für ihre Zukunft zu zeichnen.

Das ist erstaunlich für mich, denn ich erinnere mich nicht daran, dass wir von einer besseren Zukunft geträumt haben, als ich ein Kind war. Meine Eltern und ihre Freunde redeten über die Bedrohung durch Atombomben und das Waldsterben (besonders schmerzhaft für Deutsche, die ihren Wald zumindest theoretisch lieben), das Ozonloch und andere Dinge. Es war nicht einfach für ein Kind, an ihnen vorbei in so etwas wie eine positive Zukunft zu sehen.

Das war vielleicht eine besonders deutsche, europäische und westliche Krankheit, und es erklärt sich auch aus der unmittelbaren Vergangenheit, in die ich fünfundzwanzig

Jahre nach dem Ende des Zweiten Weltkriegs geboren wurde. Die Atombomben auf Hiroshima und Nagasaki und das System der Konzentrationslager waren damals weit über Europa hinaus ein doppelter Schlag gegen jede Hoffnung, die Menschheit könne durch technologischen und moralischen Fortschritt menschlicher werden. Im Gegenteil. Diese fürchterlichen Todesorgien waren auf ganz unterschiedliche Weise grausam, hatten aber etwas gemeinsam: Sie waren die Erzeugnisse hoher menschlicher Zivilisationen, von Wissenschaft und effizienter Verwaltung, moderner Technologie und Vernunft, die sich gegen die Menschen gekehrt hatten und jetzt Leben vernichteten.

Die Bombe und das Giftgas zeigten, wie die Wissenschaft, die doch eigentlich die Welt verbessern, das Leben bereichern und das Verständnis der Natur vertiefen sollte, dazu verwendet werden konnte, Tötungsmaschinen ungeahnter Effizienz zu entwickeln. Die komplexe Organisation der Konzentrationslager mit Zugverbindungen, Zwangsarbeit und finaler Selektion für die Krematorien folgte den Prinzipien der industriellen Fertigung, nur dass diese Fabriken Leichen produzierten, Zahngold und Asche, während Ärzte gleich nebenan an lebenden Menschen experimentierten. Auf einmal schien es gar nicht mehr sicher, dass die Produkte des menschlichen Geistes den Fortschritt bringen würden. Die Menschen begannen sich selbst zu misstrauen. Bis dahin galt Barbarei immer als Mangel an Zivilisation. Jetzt musste man zu akzeptieren lernen, dass Zivilisation in Barbarei kippen konnte.

In Kolumbien begegnete ich einer anderen Einstellung. Das Schlimmste war schon passiert, die größten Ängste Wirklichkeit geworden, und die Bedrohung war nicht vorbei. Dein Leben ist nichts wert, deine Zukunft völlig unsicher und von der Willkür irgendwelcher Gangster abhängig; du kannst nicht tiefer fallen. Du kannst nur noch aufbauen. Und dann? Dann kann eine erwachsene Antwort darauf beginnen, eine Suche und vielleicht eine erwachsene Art von Hoffnung, angefangen damit, dass ich zwar irgendwann sterben werde, aber dass ich jetzt lebe und dass die einzige Erfahrung, die ich jemals haben werde, das augenblickliche Leben und augenblickliche Begehren ist und dass dieses Begehren mich zu einem sozialen Wesen macht, weil es mich auf andere Menschen hin orientiert, weil ich andere brauche, um ich sein zu können.

Sprechen wir also darüber, was Hoffnung ist und was sie sicher nicht ist, denn wir gebrauchen »hoffen« unterschiedlich, wenn wir sagen: »Ich hoffe, dass morgen die Sonne scheint«, oder: »Sie hat alle Hoffnung verloren.« Hoffen, dass x passiert oder nicht passiert, ist nichts besonders Menschliches. Auch ein Hund hofft, dass er etwas abbekommt, wenn er zum Tisch schleicht und bettelt (bad dog!). Sein Gesichtsausdruck mit den hochgezogenen Augenbrauen und dem rührenden Blick von unten mit demutsvoll gesenktem Kopf ähnelt der Mimik eines Menschen (oder ist es andersrum?).

Das ist nicht die Hoffnung, nach der du mich gefragt hast. Dasitzen und warten, dass das Leben dir einen Knochen zuwirft, ist einfach, es ist Denken mit dem Magen, ein Ausdruck des eigenen Verlangens, dass x passiert und nicht y, dass die Sonne scheint und es nicht regnet, dass ich etwas abbekomme, vielleicht sogar mehr als andere.

Hoffnung haben, hoffnungsvoll leben – das ist etwas Seltsameres und Interessanteres. Es gibt keine Situation, die so verzweifelt wäre, dass Menschen nicht trotzdem gehofft hätten; in Konzentrationslagern und in Todeszellen, in Kriegen und Hungersnöten, todkrank oder verfolgt und im Angesicht der eigenen Vernichtung.

Natürlich – das könnte eine dumme, verblendete Hoffnung sein, die sich weigert, die verzweifelte Realität anzuerkennen, eine Flucht vor der Wirklichkeit. So hoffen Idioten. Deswegen nannte Karl Marx Religion »Opium fürs Volk«. Gleichzeitig kann aber vielleicht nur diese Art von Hoffnung die Menschen überhaupt dazu beflügeln, angesichts überwältigender Hindernisse oder Unmöglichkeiten unbeirrt zu versuchen, die Welt zu verändern und sich selbst in einer positiven Zukunft zu sehen.

Oft zeigt sich auch erst im Nachhinein, welche Hoffnung ein Stück weit Wirklichkeit geworden ist und welche nicht. Manchmal ist sie vergebens, wenigstens heute, wenigstens hier, aber das lässt sich erst beurteilen, wenn das Leben gelebt ist, oder vielleicht überhaupt erst lange nachher, wenn sich der Staub der Geschichte gelegt hat und größere Muster erkennbar werden. Aber heißt das, dass es klüger ist, von Anfang an nicht hoffnungsvoll zu sein?

Hoffnung bedeutet immer auch Unsicherheit. Besonders in Ländern, die in den letzten Jahrzehnten sehr wohlhabend geworden sind, erregt diese Unsicherheit großen Widerwillen. Viele Menschen sind davon überzeugt, dass sie in ihrer Zukunft einen Anspruch auf dies und jenes haben. Sie haben gearbeitet und eingezahlt, sie haben getan, was sie mussten. Jetzt haben sie das Recht auf eine gute Zukunft. In einem Land wie Kolumbien erscheint diese Idee besonders absurd. Die schrecklichen Geschichten der Opfer zeigen: Du hast kein Recht auf eine bessere Zukunft, auf eine gute Zukunft oder überhaupt eine Zukunft. Du hast kein Recht auf irgendwas.

Rechte fallen uns nicht in den Schoß, weil wir geboren werden, sie werden von den Gemeinschaften verliehen, in die wir hineingeboren werden, egal ob wir Menschen sind oder Wölfe. Das Rudel setzt Rechte, Hierarchien, Pflichten, Allianzen, Strategien, Zugehörigkeit, die Mechanismen der Macht und der Beziehungen. Außerhalb des Rudels gelten diese Rechte nicht, dort gilt nur das Recht des Stärkeren und die zufällige Empathie von Fremden. Aber nur bestimmte Rechte können auch garantiert werden, von einem Staat oder einem anderen mächtigen Akteur. Das Recht auf eine gute Zukunft gehört nicht dazu, das ist eine Nummer größer.

Menschen sind die einzigen Tiere, die Rechte innerhalb ihrer Gruppe auf prinzipiell alle Mitglieder der Spezies ausgedehnt haben, aber das ist bestenfalls ein Ziel, und es hängt immer davon ab, ob die Gemeinschaft auch willens und imstande ist, die Rechte Einzelner zu verteidigen und durchzusetzen. Niemand hat also ein automatisches Recht auf irgendwas, Rechte sind immer schon Teil einer funktionierenden Gruppe, und das heißt, dass die Rechte verkümmern, wenn die Gruppe weniger gut funktioniert, wenn das Kollektiv, der Staat, sie nicht mehr garantieren und durchsetzen kann. Welches Recht hatte ein kolumbianischer Bauer gegenüber seinen Folterknechten?

Vielleicht wirst du tatsächlich in einer guten Zukunft leben oder zumindest einen Teil deines Lebens in einer guten Zukunft verbringen, aber die Zeichen stehen schlecht, und du wirst sicherlich keine Instanz finden, bei der du dein Recht auf eine gute Zukunft einklagen kannst: Kein Gericht der Welt kann deinen Anspruch durchsetzen, kein Parlament, keine Armee. Das musst du verstehen, sonst kannst du dich nie zu einer Art von erwachsener Hoffnung durchringen. Diese Hoffnung ist vielleicht nicht das, was du erwartet hast, aber sie ist das Beste, was ich anzubieten habe, ein Funken von intellektueller Ehrlichkeit und systematischem Nachdenken inmitten all dieser rohen Emotionen und großen Behauptungen im Angesicht der Verzweiflung und der schrecklichen Ereignisse. Das kann befreiend sein, aber auch wehtun. Alles hat seinen Preis.

Am Anfang dieser Reise steht also die einfache Einsicht, dass Rechte und Garantien so wenig mit Hoffnung zu tun haben wie Optimismus. Frage die Menschen in Kolumbien nach dreiundfünfzig Jahren Bürgerkrieg: Niemand hat ein Recht auf eine gute Zukunft oder ein gutes Leben, aber es ist im Interesse aller, sich dieses Recht gegenseitig zuzusprechen und es auch durchzusetzen, und es ist trotz allem möglich, einen Funken von Menschlichkeit lebendig zu halten. Da treffen emphatisches und politisches Denken zusammen.

Dieser Funke ist etwas grundsätzlich anderes als ein Recht auf eine bessere Zukunft, als das automatisierte Beschwören der Hoffnung in Büchern und Podcasts, Talkshows und Interviews. Alle wollen im Namen der Hoffnung sprechen, erst recht, wenn sie das Gegenteil meinen. Macht liegt darin, die Hoffnungen und die Ängste der Menschen zu kontrollieren. Niemand würde je für Hoffnungslosigkeit werben. Also wird die Hoffnung immer wieder missbraucht, von Politikern, Priestern, Pfarrern, Tech-Gurus, Rabbinern, Mullahs, Propheten, Bauernfängern und dubiosen Figuren aller Art.

Ist das nicht seltsam, dass es uns trotz aller frohen Botschaften so sehr an Hoffnung fehlt, in unseren reichen Gesellschaften, in denen es den vielen (zumindest verglichen mit den Leben ihrer Großeltern) an nichts anderem fehlt? Warum sind wir heute wohlhabender denn je, leben länger, bleiben länger gesund, müssen weniger zu früh gestorbene Kinder beerdigen, kennen keine Hungersnöte mehr und in vielen Ländern auch keine Kriege und sind trotzdem so häufig ohne Hoffnung? Und warum hoffen Menschen in der Ukraine und sogar im bombardierten Gaza, auch wenn sie tödlichen Gefahren ausgeliefert sind? Warum gibt es so viel Hoffnung an unerwarteten Orten, und wie haben Menschen früher so inständig und mit so großem Vertrauen hoffen können, als das Leben noch viel gefährlicher, viel zerbrechlicher war?

Blüht Hoffnung also am besten auf Trümmern und Müllhalden? Es ist verlockend zu denken, dass Hoffnung nun einmal das Kapital der Armen und Unterdrückten sei, aber das ist zu einfach. Es gibt viele Menschen, die nichts haben und in verzweifelten Situationen sind, die ihre Hoffnung längst aufgegeben haben oder die sogar nie welche hatten. Gerade habe ich von einem jungen Mann gelesen, der in kriminelle Banden in Schweden verwickelt war und der Dutzende seiner Freunde sterben sah und selbst mit Drogen handelte und der selbst zum Verbrecher wurde. Er erzählt von seiner Kindheit und Jugend in einer Hochhaus-Vorstadt von Stockholm. Die Kids dort hatten keine Hoffnung auf ein besseres Leben. Drogen, Gewalt und gewaltsamer Tod oder Überdosis waren das Einzige, was sie kannten. Es gab darüber hinaus keinen Horizont. Er selbst konnte sich erst daraus befreien, als er sich einer Kirche anschloss und anfing, sich um andere zu kümmern. Ein Leben ohne Hoffnung: Das ist vielleicht eine lebende Hölle, aber in ihr leben viele Menschen, fast unabhängig davon, wie viel sie besitzen. Hoffnung beruht nicht auf Armut, und es gibt auch viele Menschen, die genug oder sogar viel besitzen und die voller Hoffnung sind. Trotzdem würde ich behaupten, dass wir heute in Gesellschaften leben, aus denen die Hoffnung sich verflüchtigt wie Rauch.

War also früher alles besser?, fragst du mit einem ironischen Blick. Nein. Es gibt kein Zurück in der Geschichte, und nein, es war früher nicht besser, Nostalgie interessiert mich nicht. Es geht mir darum zu verstehen, wie Hoffnung in der Gegenwart möglich ist, und dafür müssen wir zuerst verstehen, wie sie sich verändert hat, wie sich die Umstände verändert haben, unter denen Hoffnung überhaupt möglich sein kann. Die Antwort darauf kann ich dir noch nicht geben, auch weil ich sie selbst nicht parat habe.

Vor einigen Jahren stand ich eines Morgens vor einer Schulklasse. Die Schülerinnen waren etwa sechzehn Jahre alt und schienen entweder noch zu schlafen oder in ihren Hormonen leise vor sich hin zu sieden – ich aber sollte ihnen etwas über den 100. Jahrestag des Ersten Weltkriegs erzählen, 2014, gerade nach Putins Invasion in die Ukraine. Um die Kids aufzuwecken, frage ich laut in die Runde: »Wenn Deutschland morgen Russland den Krieg erklären würde, wer von euch würde sich freiwillig melden?«

Was jetzt folgte, war ein stummes, aber erstaunliches Spektakel der Reglosigkeit, der Schockstarre. Die Kids starrten mich an, nicht wie jemanden, der ihnen eine blöde Frage gestellt hatte, sondern wie jemand, der sie in einer völlig fremden Sprache gestellt hatte, oder wie ein Auto, das gerade durch ihre Klassenwand gekracht war und jetzt vor ihnen stand zwischen den Trümmern. Sie bemühten sich sichtlich, meinem Gedankengang zu folgen. Ich versuchte es noch einmal, und da wurde ihnen klar, dass ich diese Frage tatsächlich so gemeint hatte, dass die Frage an sie gerichtet war. Nicht eine Hand ging in die Höhe.

Bevor wir uns missverstehen: Die Bereitschaft, fürs Vaterland zu sterben, war in keiner Weise moralisch besser als das blanke Unverständnis der Kids heute. Wer für sein Vaterland sterben will, tötet auch dafür, auf Befehl irgendwelcher alter Männer, und schafft nur noch mehr Leid, da sind wir uns ganz einig. Es ist viel gewonnen in einer Gesellschaft, deren junge Leute nicht mehr aufs Schlachtfeld drängen.

Viel mehr als eine moralische Beurteilung interessiert mich, was sich geändert hat in den Köpfen der Menschen zwischen dem Sommer 1914, als ihre Urgroßväter spontan im Klassenverband zu den Rekrutierungsbüros marschierten, und ihren Urenkeln, die erst einmal die Frage überhaupt nicht mehr verstehen, vielleicht auch, weil nichts ihnen ferner sein könnte als die Idee, sich für irgendeine abstrakte Sache wie ein Vaterland persönlich zu opfern. Ist das gut, ist das schlecht? Das ist keine besonders interessante Frage. Viel wichtiger ist: Was macht es mit Menschen, wenn sie diese Frage nicht mehr beantworten können? Und was hat das mit Hoffnung zu tun?

Was hat sich in einer Gesellschaft geändert, für die niemand mehr sich opfern will? Ist es ein Zeichen von moralischem Fortschritt, von einem höheren Grad an Zivilisation, von den Lehren, die wir aus der Geschichte gezogen haben?

Oder ist das Gegenteil der Fall, und wir haben so sehr nichts gelernt, dass wir einen zufälligen und ungerechten historischen Vorteil des Westens als Resultat einer überlegenen Kultur missverstehen?

Immer wieder erlebe ich die Menschen in der reichen Welt, in den Ländern des globalen Nordens als enttäuscht, ernüchtert, verbittert. Immer wieder schlägt mir in Diskussionen entgegen, dass Menschen, die mitten in der Gesellschaft stehen und denen es an nichts fehlt, sich betrogen fühlen, ängstlich und wütend. Sie suchen nach Schuldigen – die Weltbevölkerung, die Migration, die Eliten, Silicon Valley, das Klima. Aber eigentlich macht es sie wütend, dass der alte soziale Vertrag der Nachkriegszeit gebrochen wurde: Die Wirtschaft wächst und wächst, und wenn du dich bemühst, dann wird es dir besser gehen, und deine Kinder werden reicher sein als du.

Dieses schöne Arrangement ist zerstört. Wachstum scheint weder unendlich zu sein noch ohne Nebenwirkungen zu bleiben, es ist nicht mehr sicher, dass es den Kindern besser gehen wird, dass wir alle reicher werden, dass der Frieden gesichert ist und mit ihm der Konsum als Lifestyle – und es ist nicht einmal sicher, dass sie moralisch immer auf der richtigen Seite standen. Daher die Enttäuschung, die Wut.

In liberalen Kreisen ist die Enttäuschung noch tiefer. Konsum frisst die Welt auf, eigene Privilegien sind nicht nur das Resultat von Fleiß und Innovation, sondern verstrickt in Jahrhunderte sozialer und kolonialer Unterdrückung, in Ausbeutung und Zerstörungen von epischem Ausmaß. Das wird von vielen Menschen als Verrat empfunden, Verrat am Projekt der Gesellschaft, der Menschheit selbst.

Die Enttäuschung des sogenannten Westens ist auch ein Erwachen aus der Nachkriegsordnung und aus einem Erdöl-Rausch, in dem dieser Teil der Welt über Jahrzehnte gewesen ist, Jahrzehnte, in denen die Wirtschaft immer wuchs, der Kunde immer König war, Kriege anderswo stattfanden, Zerstörung und massive Gewalt auf andere Kontinente ausgelagert wurden, wie die Zerstörung ganzer Landschaften durch industrielle Produktion. Die Hoffnung war Bestandteil des Systems, Kapitalismus, Liberalismus und Sozialismus sind ja im Grunde Maschinen zur Produktion von sinnvoller Zukunft, von Visionen und messianischen Fantasien. Mit ihrem Scheitern macht sich ein Gefühl des Betrogenseins breit.

Diesen Gesellschaften von Enttäuschten stehen die Gesellschaften der Gedemütigten gegenüber, besonders in den ehemaligen Kolonien, die um ihr historisches Geburtsrecht gebracht wurden, ihr Schicksal selbst in die Hand zu nehmen. Immer wieder werden von außen bestehende Machtverhältnisse neu geschaffen, vertiefen sich alte Ungerechtigkeiten und Abhängigkeiten weiter, versuchen die Gedemütigten sich durch Kriege und Gewaltorgien für ihre Erniedrigung zu rächen oder zu reinigen, sie ungeschehen zu machen.

All das passiert auf der Oberfläche, denn es ist nur das, was Menschen anderen Menschen antun. Die Klimakatastrophe und der Zusammenbruch der Biodiversität nehmen währenddessen einfach ihren Lauf, dem systemischen Kollaps der globalisierten Ordnung durch den Druck auf die fragilen und nur auf Profit hin optimierten Systeme scheint kaum etwas entgegenzustehen. Wenig Grund für Hoffnung.

Es ist wahr, dass diese Umstände uns unter Druck setzen werden, auch alles, was wir als zivilisatorische oder moralische Errungenschaften ansehen würden, Dinge wie Demokratie, Menschenrechte und inzwischen auch die Anerkennung der Rechte der Natur. Gut möglich, dass wir in Zeiten von Kriegen und Unruhen leben werden, dass wir ärmer sein werden und unsicherer. Sehr wahrscheinlich führt die Veränderung des Klimas auch zu einer Veränderung unserer Gesellschaften und Machtsysteme – und solche Veränderungen verlaufen selten sanft und niemals vernünftig.

Dies sind die Rahmenbedingungen. Es wird schwerer werden. Die vorigen beiden Generationen haben es wirtschaftlich und auch sonst besser gehabt. Das Glück der Geburt. Genau am Wirtschaftsboom entlang gelebt. Das ist jetzt vorbei. Darüber kann man die Hoffnung verlieren, die vorigen Generationen anklagen, das eigene Los beweinen oder resignieren und ganz einfach zynisch werden oder, eine beliebte Option, ausführlich erkunden und verkünden, wie sehr all das uns zu Opfern macht und wer dann die Täter waren, wer die Schuldigen sind und wer die Unschuldigen, die Unterdrücker und die Unterdrückten, die Hegemonen und die Überforderten. Aber das ist zu einfach, eine Art moralische Faulheit, die nur in Lethargie münden kann, in einer sterilen, narzisstischen Performance.

Also, kann man unter diesen Bedingungen überhaupt hoffen, als intelligenter Mensch?, fragst du.

Wir haben dem Leben gegenüber keine Verbraucherrechte, wir haben überhaupt keine Rechte, es passiert einfach mit uns, und wir können höchstens gelegentlich Weichen stellen. Rechte sind ein kollektives Hirngespinst. Und nein, ich will damit ihren Wert nicht mindern, im Gegenteil. Kollektive Hirngespinste legen sich wie erzählte Spinnweben über die Welt der Menschen und geben ihr Struktur, eine Landkarte, mit deren Hilfe wir uns bewegen können.

Diese kollektiven Hirngespinste heißen Kultur, heißen Sprache und Musik, heißen Scham und Schande, Ehre und Ruhm, heißen normal und anormal, rein und unrein, gut und böse. Sie machen uns aus, und die Menschenrechte sind ein wesentlicher Teil unseres säkularen, humanistischen kollektiven Hirngespinstes, nämlich der Suche nach einem guten Leben, in der die Hoffnung eine entscheidende Rolle spielt. Diese Hirngespinste interessieren mich, wenn es darum geht, ob wir auch in Zukunft hoffen können.

Für heute muss ich Schluss machen. Bis bald.

FERNGESPRÄCH

Es gibt Menschen, die werde ich immer vermissen. Jon war wie ein intellektueller Vater für mich, ein Mentor, ein Vorbild – und ein Freund. Er war Professor für Literatur, selbst ein viel gelesener Dichter, ein bekannter Biograf und populärer Lehrer, der für seine Unkompliziertheit und Bescheidenheit genauso bekannt war wie auch für seine brillanten akademischen Arbeiten. Ich war ein kleiner Student, eigentlich nur ein Gast, denn ich studierte Geschichte. Ich hatte einen Roman geschrieben, ein seltsames Manuskript, eine Geschichte über den Buchstaben P (nein, er hat sich nicht gut verkauft). Ich traute mich fast nicht, dem großen Professor mein Manuskript zu geben, um ihn um seine Meinung zu bitten, aber er las es nicht nur, er schlug mir sogar Änderungen vor und empfahl mich an einen Verlag. Das war der Anfang einer Freundschaft und meiner Karriere als publizierter Autor, denn der Verlag, Faber & Faber in London, nahm den Roman tatsächlich.

Während ich noch an der Uni war, sah ich Jon nicht oft. Ich wollte ihn nicht zu oft stören, und er hatte fast jeden Tag Termine, aber wir hatten viele Gespräche beim Mittagessen und einige gemeinsame Abende bei uns in unserer WG oder bei ihm in seinem Bauernhaus. Ich habe immens viel von ihm gelernt, nicht nur akademisch, sondern auch menschlich. Er war ein mächtiger Mann an der Universität, aber er hat es sich niemals anmerken lassen.

Nachdem wir weggezogen waren, wurde unsere Verbindung seltsamerweise wesentlich enger, besonders nach dem Tod seiner Frau. Plötzlich kamen immer häufiger Einladungen, ein Wochenende bei ihm in seinem Bauernhaus zu verbringen, wo wir lange spazieren gingen und in der alten Küche gemeinsam kochten und dann stundenlang vor dem Kamin über neue Romane und alte Meisterwerke, den Zustand der Welt und den Klatsch an der Universität diskutierten. Es waren magische Besuche.

Dann gingen wir für ein Jahr in die USA. Wir hatten uns von Jon verabschiedet, und ich wusste auch, dass es ihm nicht gut ging, denn er hatte uns schon in einem Brief davon berichtet.

Aus unseren Gesprächen hatte ich auch herausgehört, dass er der modernen Welt immer weniger verständnisvoll gegenüberstand, dass seine Frau ihm fehlte. Zum ersten Mal schien seine immens menschliche, positive Einstellung getrübt zu sein. Er sah mit Kummer, wie sich die Universitäten entwickelten, und riet seinen Studenten, nicht an der Universität zu bleiben, weil dort sinnvolles Forschen und Unterrichten vor lauter Bürokratie und Ideologisierung der Disziplinen kaum noch möglich sei. Er sah auf die neuen Entscheidungsträger und auf seine Nachfolger mit der Wut eines Mannes, der sein Erbe zerstört sieht, nicht nur in akademischer Hinsicht, sondern auch menschlich, im zivilisierten Umgang miteinander. Immer seltener las er junge Autorinnen oder Autoren. Er verstehe sie nicht, sagte er, sie sprächen über eine Welt, für die er kein Interesse mehr aufbringen könne. Er wird alt, dachte ich mir.

Das Ende aber kam trotzdem als eine brutale Überraschung. Wir sprachen am Telefon, ich mit Blick auf Palmen und einen türkis glitzernden Swimmingpool wie von

David Hockney gemalt, er in seiner englischen Küche. Er eröffnete mir, dass er sich gegen eine Operation des Tumors entschieden habe, von dem wir schon seit Monaten wussten. Die Ärzte hätten ihm gesagt, er habe mit einer OP gute Heilungschancen, anderenfalls würden sie ihm nur noch Wochen geben. Er wusste, was er sagte. Er hatte seine Frau an Krebs sterben sehen. Er hoffte nicht auf irgendeine Wunderheilung. Er war der Sohn eines Arztes. Er werde schwächer, fuhr mein Freund fort, deswegen sei dies das letzte Mal, dass wir miteinander sprechen würden, denn von jetzt an würde er keine Anrufe mehr entgegennehmen. So war es dann auch. Ich habe es noch einmal versucht, aber seine Pflegerin sagte mit großer Bestimmtheit, dass er nicht wünschte, irgendjemanden zu sprechen. Kurz darauf wurde sein Tod bekannt gegeben. Nachrufe erschienen mit Fotos, auf denen er jung war und optimistisch lächelte.

Ich erinnere mich, wie unglaublich zornig ich war. Nicht darüber, dass er nicht mit mir sprechen wollte. Das konnte ich verstehen. Er war müde. Er wollte keine Anteilnahme in Serie, keine vorgezogene Trauer, wollte keine Freunde trösten müssen angesichts seines eigenen Endes. Nein, was mich wütend machte, war die Tatsache, dass mein Freund und Mentor aufgegeben hatte, dass er keine Zukunft mehr sah für sich, keine Hoffnung. Er hätte eine Operation gebraucht, mit guten Erfolgsaussichten, aber er entschied sich dagegen. Ich hatte das Gefühl, dass er nicht das Recht hatte aufzugeben, dass er weitermachen musste, nur weil er (mir!) noch so viel zu geben hatte, was offensichtlich Unsinn ist, aber Gefühle richten sich nicht nach Überzeugungen.

Eine Erinnerung will mir dabei nicht aus dem Kopf. Bei unserem letzten Besuch hatte er uns auf einen Spaziergang über die Felder mitgenommen. Seine Frau war drei Jahre vorher gestorben. Das hatte ihn schrecklich getroffen, aber er hatte sich wieder erholt und war aktiv, hatte Pläne für Bücher, Vorträge, Aufsätze, neue Gedichte, die er schreiben wollte. Er war so fit, dass wir Schwierigkeiten hatten, mit ihm Schritt zu halten, als er über Gatter und Zäune kletterte und energisch über die Weiden ging.

Er führte uns zu einer kleinen Kirche mitten in den Feldern. In dieser Kirche war eine Familiengruft aus der Renaissance, wunderschön gearbeitet in Sandstein, mehrere Generationen von eleganten Country Gentlemen, die fast dekadent und dandyhaft auf ihren Bahren lagen, in ihren besten Kleidern, mit Rüschen, weiten Kragen, mit gepflegten Schnurrbärten und langem Haar, ein extravagantes Kunstwerk von höchster Qualität, das normalerweise nicht einmal die Kühe erfreuen konnte, die auf den umliegenden Weiden grasten. Jon sprach über die Schönheit dieser Skulpturen und das Bild der Zukunft, das diese Menschen gehabt haben mussten. Ich nahm eine Postkarte mit und ließ ein Pfund in der Sammelbox. Ich habe die Postkarte noch heute.

Jon erwähnte die kleine Kirche nie wieder. Er kochte an diesem Abend für uns, und später sprachen wir bei einem Glas Rotwein über Literatur und über gemeinsame Freunde. Als wir gingen, gab er mir das Manuskript eines Vortrags über Dichter im Ersten Weltkrieg, an dem er arbeitete, und bat mich um meine Kommentare. Ich schickte ihm meine Beobachtungen, und er reagierte, wie immer, mit immenser Bescheidenheit und Aufmerksamkeit. Einige Monate später bekamen wir den Brief von ihm (wie immer in seiner klaren, fließenden Handschrift), in dem er von seiner Prognose berichtete. Er schien allerdings nicht besonders besorgt zu sein und bemerkte, dass dieser Tumor ausgezeichnet zu behandeln sei. Trotzdem sah ich ihn nie wieder und musste immer wieder an unseren letzten Spaziergang denken, an die Familiengruft mit den Landadeligen, die sich für die Zukunft herausgeputzt hatten und die einen teuren Meister beauftragten, der Nachwelt zu überliefern, wer sie waren, wie sie aussahen und woran sie glaubten.

Hat er schon damals von seiner Diagnose gewusst? Meine Frau sagt nein, ich bin mir nicht sicher. Aber vielleicht ist meine Chronologie einfach falsch, und Jon wusste damals wirklich noch nichts von seinem Schicksal, trotzdem werde ich das Gefühl nicht los, dass er uns etwas sagen wollte mit diesem unkommentierten Besuch in der kleinen Kirche mitten auf der Weide. Vielleicht aber wusste er wirklich selbst noch nichts. Vielleicht wollte das Leben ihm etwas sagen mit diesem Spaziergang, und keiner von uns konnte es sehen. Vielleicht. Sicher aber ist, dass etwas passierte in den nächsten Monaten, die eine behandelbare Krankheit zu einer tödlichen machten.

Wenn ich ehrlich bin, habe ich einen Verdacht. Er nahm keinen Anteil mehr an der Welt, in der er vorher so intensiv gelebt hatte. Die neuen Orthodoxien der akademischen Kollegen erfüllten ihn mit Verachtung, der Standard der Diskussionen in seiner Disziplin erschien ihm indiskutabel und intellektuell naiv, dogmatisch und von allerlei Moden ruiniert, er lebte in einem Land, in dem immer weniger Menschen Bücher lasen, das alles schmerzte ihn. Jene öffentliche Kultur, für die er sein Leben lang gearbeitet hatte, entfernte sich immer weiter von allem, was er schätzte und respektierte. Die Politik mehrerer gescheiterter Regierungen, die sozialen und kulturellen Effekte der neuen Technologien – all das ließ ihn fremd und angewidert. Alles, wofür er gearbeitet hatte, schien aus der allgemeinen Gesellschaft verbannt, suspekt, elitär, unnötig, marginal.

Jon hatte keinen Ort mehr für sein Leben. Man wird einsam, wenn man immer allein lebt, gerade als geselliger Mensch. Die Krebsdiagnose selbst war nicht verheerend – es gab einen Ausweg, und das muss ihm immer klarer geworden sein. Er war in hervorragender Verfassung, aber das war ihm wohl nicht mehr wichtig. Wofür mit über achtzig noch eine Operation ertragen, die Schmerzen, die Einschränkungen, die Demütigungen, die Frustration? Was würde danach kommen? Ja, er hatte noch Familie, aber er hatte immer weniger, was ihn an diese Zukunft band. Er hatte keine Hoffnung mehr. Also keine Operation; letzte Anrufe, alle Sachen in Ordnung bringen, die Rechnungen, das Testament, die Briefe, eine Pflegerin im Haus, letzte Wochen.

Mein Zorn galt nicht seinem selbst gewählten Ende, sondern der Tatsache, dass er sich erlaubt hatte aufzugeben. Er hatte nicht das Recht, so einfach zu gehen und uns zurückzulassen, nach ein paar Minuten am Telefon. Nicht jemand wie er, ein Mensch seiner Wärme und Intelligenz, ein immer aufmerksamer, heiterer, positiver Freund und Kollege. Er konnte sich nicht so einfach davonstehlen.

Jons Geschichte ist nicht der einzige Verlust aus Hoffnungslosigkeit, den ich akzeptieren musste. Da war ein anderer Freund, weit über neunzig Jahre alt, der nach einem Sturz beschloss, nicht mehr leben zu wollen, und eine andere wunderbare, großzügige und immer amüsierte Freundin, eine Journalistin, die sich schon lange entschieden hatte, ihrer tödlichen Krankheit zuvorzukommen, als ihr nur noch wenige Wochen der Qual bevorstanden. Auch das ist zu verstehen und zu respektieren, und ich würde in einer vergleichbaren Situation vielleicht auch so handeln. Solche Entscheidungen sind nie einfach und immer tragisch, aber sie müssen möglich sein. Sie hinterlassen aber auch eine Leere in den Menschen, die zurückbleiben, ein Gefühl der Hilflosigkeit. Das resultiert nicht so sehr aus der Tatsache ihres Todes, sondern aus der Tatsache, dass sie zu dem Schluss gekommen waren, dass das Leben ihnen keinen Ort mehr bot, dass es keine Zukunft mehr gab für sie, keine Perspektive mehr.

An dieser Perspektive, an einer sinnvollen Zukunft, in der ich leben kann und die mich mit einer sinnvollen, lesbaren Gegenwart verbindet, hängt das ganze Geheimnis der Hoffnung. Es gab einen Mann, der diese Lektion auf sehr traurige Weise gelernt und erfahren hat. Er hieß Plenty Coups und war der Chief (früher hätte man gesagt: der Häuptling) der Crow, einer Gruppe von Ureinwohnern (früher hätte man gesagt: Indianern) in den nördlichen USA.

Der alte Chief erzählte einem weißen Mann, den er seit vielen Jahren kannte, die Geschichte seines Lebens und seines Volkes in der zweiten Hälfte des 19. Jahrhunderts, also gerade als der Strom der Siedler und der US-Armee auch den Westen des gigantischen Landes erreichte. Plenty Coups erinnert sich:

> Als die Büffel verschwanden, fielen die Herzen meines Volkes auf den Boden, und sie konnten sie nicht wieder aufheben. Danach passierte nichts mehr. Es gab nur wenige Gesänge. Und im Übrigen … du kennst diesen

Teil meines Lebens so gut wie ich. Du hast gesehen, was mit uns passierte, als die Büffel verschwanden.

Vor der Ankunft der weißen Siedler hatte das Volk der Crow seit Menschengedenken ein Gebiet zwischen den heutigen nordwestlichen USA und Kanada bewohnt. Dann kamen die Kühe der Weißen und die Zäune, die Soldaten und die Eisenbahn, ein ungleicher Kampf. Die Erinnerungen von Plenty Coups sind eine kostbare historische Quelle, weil sie aus der Perspektive der Verlierer geschrieben sind. Normalerweise fehlt in der kollektiven Erinnerung der Menschen die Stimme der Verlierer. Diese kurzen Memoiren aber verschaffen den Unterlegenen der großen Landnahme in den USA Gehör.

Plenty Coups beschreibt aber nicht nur die Zerstörung einer Lebensweise, sondern auch sein eigenes Ringen um eine Perspektive für die Zukunft, denn er weiß, dass er vorleben muss, was das Schicksal allen abverlangt, nur auf diese Weise kann er so etwas wie Hoffnung schaffen und, um in seiner schönen Sprechweise zu bleiben, die Herzen seiner Leute vom Boden aufheben.

Plenty Coups war ein alter Mann, als er auf sein Leben und das Schicksal der Crow zurückblickte. Natürlich aber ist schon in dieser Erwähnung ein ganzes Paket an kulturellen Missverständnissen enthalten, angefangen mit den Namen. Das Volk der Crow bezeichnete sich selbst als Absálokee nach ihrem Totemtier, einem mythischen, langschnabeligen Vogel, der von französischen Übersetzern mit einer Krähe verwechselt wurde. Und Häuptling Plenty Coups, also eigentlich »viele Schläge«, hieß in seiner eigenen Sprache »zahlreiche Heldentaten«, denn ein »Coup« war ein zentraler Akt des Mutes, ein Ritual, das jeder Crow-Krieger durchmachen und bestehen musste, um jemand zu sein.

Ein »Coup« bestand darin, dass ein Krieger in feindliches Gebiet ritt und demonstrativ vor den gegnerischen Kriegern seinen Speer in den Boden rammte, um so zu signalisieren, dass dieser Flecken Erde jetzt seinem Volk gehörte und er es bis auf den Tod verteidigen würde. Oft kam es dabei tatsächlich zu blutigen Kämpfen mit Kriegern eines verfeindeten Stammes – und wie die Spartaner in Europa kannten die Crow nur ruhmreichen Sieg oder Tod, denn sie durften nicht fliehen.

Wer erfolgreich Coups gepflanzt hatte, erfuhr besondere Ehre im Stamm, durfte heiraten, war geachtet. Die Crow waren ein Nomadenvolk, das großteils von der Jagd auf Büffel und anderes Großwild lebte und deswegen immer wieder mit Jägern anderer Völker in Konflikte um Land und Beute geriet. »Heldentaten« wie Coups oder der Raub von gegnerischen Pferden waren essenziell für eine funktionierende Gesellschaft von Kriegern, und Plenty Coups hatte seine erste schon im Alter von vierzehn Jahren vollbracht, als er sich bei einem Krieger der Lakota für den Tod seines älteren Bruders rächte, indem er ihn bei lebendigem Leib skalpierte. Der Mörder seines Bruders musste ohne Skalp weiterleben, also auch ohne Ehre.

Dies allerdings war nicht die erste Leistung von Plenty Coups, der von Kindheit an auserwählt war, eines Tages sein Volk zu führen. Schon als Elfjähriger hatte er auf prophetische Weise geträumt. Um in den richtigen Zustand zu kommen, hatte er rituelle Dampfbäder genommen, war an einen einsamen Ort gezogen und hatte tagelang gefastet. Als der erhoffte Traum sich nicht einstellen wollte, schnitt er sich, wie es Brauch der Krieger war, den Teil eines Fingers ab. Dann träumte er eine visionäre und rätselhafte Geschichte, die er nach seiner Rückkehr den Älteren im Lager erzählte. In seinem Traum hatte er gesehen, wie die Büffel aus der Landschaft verschwanden und unzählige Rinder ihren Platz einnahmen. Dann kam ein fürchterlicher Sturm und zerstörte alles Leben und alle Wälder bis auf einen kleinen Baum, auf dem eine winzige, wehrlose Meise saß.

Warum erzähle ich dir von prophetischen Träumen und nomadischen Kriegern? Weil die Crow ein Bild ihrer Geschichte hatten, das dem westlichen (jüdisch-christlich-aufgeklärten) sehr ähnelt. Die Juden glaubten (und glauben immer noch, wenn sie religiös sind), dass eines Tages der Messias kommen werde und mit ihm Gerechtigkeit und ewiger Frieden, dass Gott ihnen das Land Israel, das Gelobte Land, versprochen habe. Das führte sie zu der Überzeugung, dass alles, was in der Welt passiert, auf ein Ziel zugeht, das eines Tages erreicht wird, was allerdings davon abhängt, ob die Menschen Gottes Gebote befolgen. Bei den Christen wurde dieser Gedanke noch viel wichtiger, schließlich glaubten sie, dass Jesus am Kreuz gestorben sei, um sie von ihren Sünden zu erlösen, und dass er unweigerlich wiederkommen würde.

In Europa waren diese Gedanken so einflussreich, dass sie nicht nur die Denker der Kirche prägten, sondern auch Philosophen, die für sich in Anspruch nahmen, rein vernünftig zu argumentieren. Georg Wilhelm Friedrich Hegel zum Beispiel behauptete, der Gang der Geschichte sei nichts anderes als ein Versuch des »Weltgeists«, sich selbst zu verwirklichen. Hegel war ein sehr anspruchsvoller und gelegentlich völlig unverständlicher Denker, verliebt in lange, verschachtelte Sätze und selbst erfundene Begriffe. Wir müssen uns hier nicht lange mit ihm aufhalten, aber seine Geschichtsphilosophie setzt das christliche Denken von einer Geschichte mit einem Ziel fort und hat ganze Schulen von historischem Denken geprägt, deren Einfluss noch heute sehr stark ist. Die Idee des Fortschritts (und seines wirtschaftlichen Schattens, des Wachstums) ist kein historisches Gesetz, sondern ganz einfach eine Behauptung, ein Echo der christlichen Heilsgeschichte.

Es ist erstaunlich, dass diese ganze Linie vom alten Judentum bis hin zum Vordenker des 19. Jahrhunderts, auf den sich zahllose Philosophen und Revolutionäre von Karl Marx und Wladimir Iljitsch Lenin bis hin zu Hannah Arendt und Slavoj Žižek berufen sollten, eine so ähnliche Idee von Geschichte hatte wie das Volk der Crow in Nordamerika, die sicherlich noch nie mit der Bibel in Berührung gekommen waren, als sie sich diese Geschichten erzählten. Manchmal entwickeln sich sehr ähnliche Ideen unabhängig und in großer Entfernung voneinander zu einer sehr ähnlichen Form. In der Evolution heißt es Konvergenz. Auch Delphine und Thunfische, Fledermäuse und Vögel haben sich zu sehr ähnlichen Formen entwickelt, obwohl sie ganz unterschiedlichen Spezies angehören.

Hier also ist die Konvergenz der Religionen. Die Crow verehren einen zentralen Gott, der sich in der Natur durch viele Geister äußert. Dieser Schöpfergott hat seinem Volk ein eigenes Land versprochen, in dem sie ihren heiligen Tabak anpflanzen können. Dorthin sind sie gezogen, um Gottes Willen zu erfüllen und die Vorsehung zu respektieren. Viele ihrer Geschichten kreisen um die Erwartung des Gelobten Landes, die Möglichkeit einer guten Zukunft.

Bis ins 17. Jahrhundert lebten die Crow in der Region des Lake Erie im heutigen Ohio, aber ein Streit zwischen zwei Stammesfürsten führte zu einer Spaltung, ein Teil des Volkes schloss sich einem sagenhaften Helden an, um das Gelobte Land zu finden. So zumindest geht der Mythos; Historiker:innen halten es auch für möglich, dass Konflikte mit rivalisierenden mächtigeren Stämmen die Gruppe verdrängt haben könnten. Die Migration aber war real. Zwei Generationen später veränderte die Ankunft von Pferden um 1720 Leben und Schicksal der Crow. Das Pferd war für sie so revolutionär wie die Dampfmaschine für Europa. Sie konnten nun viel effizienter Büffel jagen, schwunghaften Handel mit Fellen treiben, sich besser bewaffnen, ein größeres Territorium kontrollieren, und zwar gerade dort, wo ihr Gott es ihnen verheißen hatte.

Aber die Erfüllung ihres historischen Traums brachte den Crow kein Glück und keine Ruhe. Die Welle der Veränderung, ausgelöst durch die Ankunft der Pferde, hatte auch ihren Feinden Pferde und Feuerwaffen gebracht, dazu aber auch Branntwein, Viren, Siedler und Soldaten. Plenty Coups selbst interpretierte die Traumvision seiner Kindheit, die für ihn und sein Volk lebensentscheidend wurde, als die Ankunft der Weißen, die das Land einzäunten, deren Kühe die Büffel vertrieben und die über das Leben der Crow wie ein gewaltiger Sturm hinwegfegen würden.

Das eigentliche Totemtier der Crow war, wie gesagt, ein furchterregender Vogel mit langem Schnabel, Plenty Coups aber sah eine Zukunft im Zeichen der bescheidenen Meise. Ein Totem war nicht nur ein Symbol für den Stamm. Wie der Anthropologe Claude Lévi-Strauss gezeigt hat, war ein Totem auch so etwas wie eine Inspiration, eine Perspektive, von der aus die Welt verständlich wurde. Ein Vogel bewegt sich anders durch die Welt und hat andere Fähigkeiten als ein Bär oder ein Puma – oder eben eine Meise. Das Leben aus der Meisen-Perspektive erlaubte es den Crow zwar nicht, ihre nomadische, heroische Lebensweise beizubehalten, wies aber einen Weg in eine noch vollkommen unbekannte Zukunft.

Tatsächlich war diese Geschichte noch nicht zu Ende. Die radikale Hoffnung war vielleicht zu schwer zu leben, wie Chief Plenty Coups selbst berichtete, denn in seinen Worten fielen die Herzen seines Volkes auf den Boden, und sie konnten sie nicht mehr aufheben, und es passierte nichts mehr, nachdem die Büffel verschwanden. Warum das so war, ist zentral, um das Wesen der Hoffnung und der Hoffnungslosigkeit zu verstehen.

Für die Identität der Crow war das Leben innerhalb eines Reservats nicht nur deswegen ein vernichtender Schlag, weil sie ihre Freiheit und ihre Jagdtiere verloren und weil sie jetzt in einem Store einkaufen gingen und in die Schule. Vor der Zeit des Reservats konnte ein Mann nur dadurch Status erringen, dass er Coups aufpflanzte, sein Leben riskierte, ein Krieger war, der mit seinen Waffenbrüdern immer wieder auf gefährliche Expeditionen ging, den Gegnern Pferde und Waffen im Kampf oder durch List raubte, Feinde tötete und seiner Frau Skalps brachte, die sie zu besonderen Ritualen als Schmuck tragen würde. Dies waren die Schritte, durch die ein Mann überhaupt erst zu einer Identität fand und häufig auch, wie Plenty Coups, seinen Namen bekam und Männer wie Frauen einen Platz in der sozialen Ordnung, eine Rolle in den Geschichten, die erzählt wurden.

Die Heldentaten wiederum gaben dem Jahr erst seine

Form. Sie bestimmten Zeit, Ordnung und Ablauf von Tänzen und Ritualen, bei denen die ganze Gemeinschaft zusammenkam. Aus diesen gemeinschaftlichen Ritualen und Versammlungen ergaben sich die sozialen Strukturen und die Erzählungen der Crow-Gesellschaft. Bei der Prozession nach einem Sieg wurde für alle deutlich, wer der Anführer war, wer besonders viel Respekt genoss, welche Tugenden wichtig waren. Die Frauen trugen stolz die Skalps, die ihre Männer erobert hatten. Rituale, die zentrale Tugenden der Gemeinschaft feierten, gaben den Einzelnen Status und Identität und der Gruppe kollektive Erfahrungen, einen Rhythmus, Gemeinsamkeit.

Innerhalb des Reservats waren die Raubzüge der Krieger plötzlich Pferdediebstahl; an einer Staatsgrenze lässt sich kein Speer aufpflanzen, denn sie ist unbeweglich und unempfänglich für Mut oder Heldentaten. Die narrative Struktur des Crow-Lebens, das, was sie sich über ihr eigenes Leben erzählten, war zusammengebrochen. Ohne Coups keine Zusammenkünfte, keine Rituale, keine Bestätigung der göttlichen und menschlichen Ordnung, keine geordnete Zeit. Das Singen war verstummt und nichts passierte mehr.

Plenty Coups ermunterte seine Leute zwar, eine Schule zu besuchen und an der Geschichte der neuen, herrschenden Kultur teilzuhaben, aber viele waren nicht dazu bereit oder fähig, diesen Schritt zu vollziehen. Sie waren wie betäubt und hatten weder die Kultur und die Lebensstruktur ihrer Vorfahren noch die der Fremden, die ihr Land genommen hatten. Ein Leben ohne Geschichten aber ist ein Leben ohne Hoffnung, eine einförmige Existenz ohne Taten, ohne Träume und ohne Gesänge.

Du fragst mich nach Hoffnung, und ich erzähle dir von zwei alten Männern. Jon hatte seinen Kampf um die Hoffnung verloren, vielleicht war das sogar realistisch, auch wenn es mich immer noch traurig macht, dass er keine Verbindung mehr finden konnte zur Welt. Plenty Coups konnte es sich in seiner Not nicht leisten, über sein eigenes Befinden nachzudenken. Er musste seinen Leuten eine Perspektive geben. Und er versuchte, einen Schritt weiter zu gehen als Jon. In der Sprache der Crow konnte auch Jon sein Herz nicht mehr aufheben, und es gab in seinem Leben keine Gesänge mehr und nichts mehr passierte. Es gab keine sinnvolle Zukunft, in die er sich hineindenken konnte, die Welt da draußen schien ihm mit jedem Tag ein wenig fremder, bot ihm weniger Möglichkeit, eine Rolle für sich zu sehen. Plenty Coups sah, dass seine Stammesmitglieder im Reservat verkamen, weil ihnen die Erzählung ihres Lebens abhandengekommen war. Sie existierte zwar noch, aber nichts von dem, was sie taten, ergab noch einen Sinn.

Das ist Hoffnungslosigkeit: keine Geschichte mehr haben, die in die Zukunft tragen kann, keine Lieder mehr zu singen. Wenn aber Hoffnungslosigkeit darin besteht, sich selbst und die eigene Identität nicht mehr in eine sinnvolle Zukunft projizieren zu können, dann ist ein wichtiger Aspekt von individueller und auch kollektiver Hoffnung, dass es möglich ist, an einem größeren Sinn teilzuhaben, eine Rolle zu spielen in einer Geschichte, die das eigene Leben übersteigt und in einen Kontext einordnet, dass es Gesänge gibt. Und das hatte der alte Häuptling verstanden: dass er seinen Leuten mit der Meise ein neues Totemtier anbieten musste, dass sie lernen mussten, anders in der Welt zu sein, sich so zu transformieren, so auf die Möglichkeit einer Verwandlung zu hoffen, dass sich dieser Sprung ins Leere lohnte, denn die einzige Alternative zu diesem Sprung war das endlose Treiben in einem Leben ohne Geschichten und ohne Ereignisse, ein unlesbares, strukturloses, sinnloses Leben.

Für Plenty Coups war die Frage: Können wir uns genug ändern, um auch unter den neuen Umständen wieder ein sinnvolles Leben zu finden, oder ist es nicht möglich und die Umstände müssen sich ändern?

Gibt es Umstände, unter denen man nicht oder nur schwer hoffen kann?

Die Frage ist nicht, ob die äußeren Umstände gut oder schlecht sind, ob eine Katastrophe am Horizont dräut oder nicht. Am Ende sind wir alle tot. Die Hoffnung stellt die Frage, ob unter den gegebenen Umständen ein sinnvolles, gelingendes Leben möglich ist und ob ich mir so ein Leben unter den gegebenen Umständen in der Zukunft vorstellen kann. Wenn die Umstände mich nicht hoffen lassen, dann muss entweder ich mich ändern, oder die Umstände müssen es. (Und ja, Ersteres sieht nur auf den ersten Blick wirklich einfacher aus.)

Das Leben ohne Ereignisse, das der alte Chief beschreibt, erinnert an eine Idee, die vor einer Generation die Welt faszinierte: das Ende der Geschichte. Der Politikwissenschaftler Francis Fukuyama sagte nach dem Fall der Sowjetunion voraus, dass ab jetzt alle Staaten und Wirtschaftssysteme dem unwiderstehlichen Magnetismus der liberalen Märkte und liberalen Demokratien erliegen würden: »Was wir erleben, ist vielleicht nicht nur das Ende des Kalten Krieges oder das Ende einer bestimmten Periode der Nachkriegsgeschichte, sondern das Ende der Geschichte als solcher, d. h. der Endpunkt der ideologischen Evolution der Menschheit und die Universalisierung der westlichen liberalen Demokratie als endgültige Form der menschlichen Regierung.« Für Fukuyama war das übrigens keine positive Idee, denn das Ende der Geschichte war auch ein Ende des Ideenwettbewerbs und damit einer lebendigen Gesellschaft. Ab jetzt würden die Märkte alles regeln.

Das Ende der Geschichte wurde eine Brille, durch die eine Generation von Studenten im sogenannten Westen die Welt zu lesen lernte. Und doch ist dreißig Jahre später nichts übrig davon. Der Siegeszug der liberalen Demokratie ist zusammengebrochen. Staaten stürzen in die Diktatur, globale Märkte üben ihre eigene Diktatur aus, natürliche Zusammenhänge brechen zusammen, und die Geschichte geht mit voller Macht weiter, mit Kriegen und Revolutionen, mit Massenflucht und Unterwerfung. Auch die Erzählung einer liberalen Welt, die auf einen idealen Punkt zustrebt, an dem alle Menschen in liberalen Demokratien leben und Teil eines globalen, freien Marktes und einer rechtsbasierten Ordnung sind, hat sich als Illusion erwiesen. Leider war das die letzte große Erzählung, die in der Welt kursierte, um so etwas wie Sinn zu stiften.

Nein, die Geschichte ist definitiv nicht zu Ende. Aber vielleicht hat Fukuyamas Idee noch eine zweite Bedeutung, von der auch er nichts geahnt hat. Neben der Klage von Chief Plenty Coups, dass nichts mehr passiere und es kaum noch Gesänge gäbe, zeichnet die liberale Überheblichkeit, vom letzten Menschen zu fantasieren, noch eine andere Möglichkeit an die Wand. Vielleicht ist es nicht die politische Geschichte, sondern die Erzählung der westlichen Welt, die versiegt ist wie ein Fluss in Zeiten der Klimakrise? Es gibt keine große Erzählung mehr, an der wir selbstverständlich teilhaben könnten. Die Zeit tickt weiter, die Technologie entwickelt sich sprunghaft und verändert unser Leben, aber für viele Menschen scheint es keine Gesänge mehr zu geben, keinen Grund, in ein geteiltes Projekt zu investieren.

Wenn die Geschichte zweifelhaft geworden ist, bleibt nur noch die Sicherung der Existenz, der Heißhunger nach Ressourcen. Das lässt sich nicht nur immer weniger rechtfertigen, es kann auch nicht mehr garantiert werden, dass der Koloss weiterhin genug zu fressen bekommt. Das System knarrt und knirscht, bricht aber noch nicht zusammen, also lieber neue Verstrebungen einziehen, noch ein paar Nägel einschlagen, Leitungen verlegen und Pipelines bauen und noch mehr Erdöl fördern und hoffen, dass es alles noch eine Weile hält, aber um Gottes willen keine Veränderung, die alles zuerst zum Einknicken und dann zum spektakulären Kollaps bringen könnte. Keine Veränderung. Keine Zukunft. Keine Hoffnung.

Eine Gesellschaft ohne plausible Hoffnung, ohne eine mögliche sinnvolle Zukunft, eine Gesellschaft, die keine andere Strategie kennt als zu verteidigen, was sie jetzt noch hat, muss genauso scheitern wie jemand, der oder die ewig jung bleiben will. Bei einzelnen konkreten Menschen wirkt es bald grotesk und unappetitlich, wenn sie mit allen Mitteln an ihrer längst vergangenen Jugend festhalten und ihre eigene Veränderung nicht hinnehmen können. Sie kämpfen einen Kampf gegen die Zeit, den Haarausfall und die Altersflecken, den sie verlieren müssen. Das gilt auch für Gesellschaften. Wer Veränderung nicht erlaubt, erleidet sie.

Die Verweigerung der Zukunft ist ein Symptom der Hoffnungslosigkeit, des Zerfalls von Gesellschaften, die kein gemeinsames Projekt mehr haben. Sie schafft ein wachsendes

Misstrauen gegen das System, eine wachsende Angst unter Menschen, die sich betrogen fühlen. Und plötzlich wird es auch in Gesellschaften, die so friedlich und wohlhabend, gebildet und gewaltlos, inklusiv und aufgeklärt sind wie nie zuvor in der Geschichte, schwierig, so etwas wie Hoffnung aufzubauen.

Vor uns und über uns droht die Wolke einer multiplen Katastrophe, und die Menschheit scheint dem nicht viel mehr entgegenzusetzen zu haben als die Hoffnung, dass sich eh nichts ändert, oder die Verteidigung des Status quo und die Behauptung, dass Wachstum und Innovation und Eigenverantwortung uns retten und reich machen werden, wie sie uns immer gerettet und reich gemacht haben. Das kauft uns zwar niemand mehr ab, aber es klingt immer noch gut, und bis wir etwas Besseres finden, wird es einfach immer wiederholt.

PANDORAS SCHULD

Zwei Wochen und drei Reisen später, mit Vorträgen und Lesungen, Stuttgart, Hamburg, Amsterdam. Rastlos wie eine verdammte Seele, ein seltsamer Beruf. Dabei sollte ein Schriftsteller eigentlich an seinem Schreibtisch sitzen, da gehört er hin, aber ich folge wie jeder Freiberufler der Logik der Aufmerksamkeits-Ökonomie. Heute kannst du nicht mehr Schriftsteller sein, indem du Pfeife rauchend dasitzt und kluge Bücher schreibst. Heute gehört ein Podcast dazu, Auftritte, Sendungen, Artikel, Posts, bunte Bilder. Aber sei's drum. Es ist besser, als in einem Bergwerk zu arbeiten, und es ist reines Glück, dass ich in einer Familie geboren wurde, in der man davon träumen konnte, Schriftsteller zu werden, auch wenn es immer anders kommt, als man denkt.

Manchmal sind solche Reisen gut fürs Ego, all die Aufmerksamkeit, die dir entgegengebracht wird, aber das hält nicht lange vor. Schon hinter der nächsten Ecke weiß niemand mehr, wer du bist, und du bist allein in einer fremden Stadt.

Ich mag mich nicht wirklich, wenn ich so auf Reisen bin, aber gleichzeitig komme ich manchmal dazu, etwas Ruhe zu finden, um meine Gedanken aufzufädeln. Zwei Wochen geht das jetzt schon so. Deine Fragen haben mich begleitet, und ich habe noch keine Antwort auf sie gefunden, obwohl ich auf jeder Bühne über Hoffnung reden soll.

Ist Hoffnung nicht nur eine Ablenkung von der Wirklichkeit?

Die Philosophin Hannah Arendt hat eine besonders harte Antwort gegeben. Als Jüdin musste sie aus Deutschland fliehen. In Frankreich, in einem Internierungslager, dachte sie daran, sich umzubringen, aber sie entschied sich dafür weiterzumachen, nichts dem Schicksal zu überlassen. Sie schaffte es schließlich in die USA. Aufgrund ihrer persönlichen Erfahrung und als Zeitzeugin des Holocaust stand sie der Idee der Hoffnung sehr kritisch gegenüber.

Um ihre Skepsis zu begründen, erzählte sie folgende schreckliche Geschichte. Am 22. Juli 1942 beging Adam Czerniaków, der Vorsitzende des »Judenrats« im Warschauer Ghetto, Selbstmord. Er konnte es nicht mehr ertragen, die Quoten der Menschen zu erfüllen, die sich zur Deportation melden mussten, sechs- bis zehntausend pro Tag. Zwanzig- bis vierzigtausend Ghettoinsassen hatten sich freiwillig zur »Umsiedlung« gemeldet, obwohl sie vom Widerstand gewarnt worden waren. Sie waren »gefangen zwischen Furcht und fieberhafter Hoffnung« und fanden plausible Erklärungen dafür. Arendt ist erbarmungslos klar in ihrer Schlussfolgerung:

> Einige fürchteten, dass Widerstand ihr sicherer Tod sei; die anderen fürchteten, dass Widerstand die unmittelbare Gesamt-Exekution des Ghettos nach sich ziehen würde, und da die allgemeine jüdische Meinung gegen Widerstand war und Illusionen vorzog, scheuten sich die wenigen, die kämpfen wollten, die Verantwortung zu übernehmen.
> Die Deutschen benutzten sorgfältig Hoffnung wie Furcht.

Als junge Forscherin hatte sie sich mit der Philosophie der griechischen Antike beschäftigt und teilte die griechische Skepsis gegenüber der Hoffnung. Sie selbst argumentierte:

> Nur wo diese Seite des Handelns voll erfahren ist, kann es so etwas geben wie ›Glaube und Hoffnung‹, also jene beiden wesentlichen Merkmale menschlicher Existenz, von denen die Griechen kaum etwas wußten, bei denen Treu und Glauben sehr selten … waren und die Hoffnung das Übel aus der Büchse der Pandora, welche die Menschen verblendet.

Die Hoffnung als Übel – das ist ein steiles Argument im Gespräch darüber, was dieses mächtige Gefühl bedeuten und bewirken kann. Der unbestechliche Michel de Montaigne, der sich vor fünfhundert Jahren in seinen Turm zurückzog, um nachzudenken und zu schreiben, beschrieb die Hoffnung als eine gefährliche menschliche Schwäche: »wir sind niemals bei uns selbst daheim, sondern immer auswärts. Furcht, Verlangen, Hoffnung treiben uns auf die Zukunft; und berauben uns des Gefühls und der Schätzung dessen, was ist, um uns mit dem spielen zu lassen, was sein wird, selbst mit dem, was sein wird, wenn wir nicht mehr sind.«

Wie viele abenteuerlustige Geister seiner Zeit war auch Montaigne auf der Suche nach einer neuen Perspektive auf die Geschichte der Menschheit. Die christliche Version (die er nie offen kritisierte) wurde ihm erstickend eng, und er suchte bei den Griechen und Römern nach einem anderen Zugang zur Welt. Aischylos, der griechische Dichter um 500 vor unserer Zeitrechnung, ließ seinen Prometheus sagen, er hätte den Menschen die Fähigkeit geraubt, in die Zukunft zu sehen, indem er der »blinden Hoffnung« Raum in ihrer Brust gegeben hätte. Wer so viel und so unrealistisch hofft, kann die Zukunft nicht mehr verstehen.

Prometheus spielt eine seltsame Rolle in dieser Geschichte. In der griechischen Mythologie ist er ein Titan, der den Göttern das Feuer stiehlt und es den Menschen bringt. Um ihn zu strafen, wird er von den Göttern an einen Felsen gekettet, wo ein Adler jeden Tag von seiner Leber frisst. Aber das war den Göttern offensichtlich nicht genug für den Verlust des göttlichen Feuers oder doch der exklusiven Rechte darauf. Die Menschen waren jetzt unabhängiger von ihnen, bekamen mehr Macht, und so schickten sie den Menschen Pandora mit ihrer berühmten Büchse. Die öffneten die Büchse und fanden darin alle nur denkbaren Übel und Krankheiten, die sofort herausflogen in die Welt. Nur Elpis, die Hoffnung, blieb auf dem Boden der Büchse.

Die Hoffnung, ein übrig gebliebenes Übel, das über die Menschheit kommt? Der antike Autor Hesiod, der diesen Mythos überliefert hat, verachtete offensichtlich die Frauen und hat aus Pandora eine rein negative, zerstörerische Figur gemacht. Dabei wurde Pan-dora, »die von allen (Göttern) Beschenkte«, in Griechenland als Göttin der Fruchtbarkeit und der Fülle verehrt, und vielleicht gab es sogar Tempel, die ihr geweiht waren.

Manche Klischees sind sehr, sehr alt, so alt wie die Macht, die sie tragen: die Frau, die alle Übel und Mühen und Krankheiten über die Welt bringt – der griechische Mythos erinnert hier an den jüdischen, und aus Pandora wird Eva. Elpis, die Hoffnung, bleibt in der Büchse. Ist sie also, wie später Nietzsche schrieb, das übelste aller Übel, warum war sie überhaupt in der Büchse? Waren da nicht nur schlechte

Dinge? Nein, nur die Dinge, die die Menschen von den Göttern unterscheiden.

Wie immer lohnt es sich auch hier, den Text genau zu lesen. Ursprünglich war die Büchse der Pandora ein »Pithos«, ein Vorratskrug aus Ton oder Lehm, der auch als Symbol der irdischen Fruchtbarkeit und der Weiblichkeit verstanden werden kann. Die »Büchse der Pandora« war das weibliche, schöpferische Prinzip. Die Hoffnung lebt noch ungeboren im Schoß der Erde.

Die Geschichte von Prometheus und Pandora erzählt von einem verborgenen Konflikt. Der griechische Mythos glaubt nicht an Fortschritt. Die beiden stehen auch für den Ursprung des menschlichen Leidens, nachdem die Zivilisation mit der Herrschaft über das Feuer auch alle Übel über die Welt gebracht hat. Es ist die Erzählung einer Gesellschaft, die sich erst vor wenigen Generationen von einer anderen, ländlichen Lebensform verabschiedet hatte, ein Prozess, der auch schmerzhaft und konflikthaft war, wie solche Entwicklungen es immer sind, wenn Macht neu verteilt wird und neue Geschichten in Umlauf kommen. Es gibt immer auch Verlierer, alte Eliten oder neue Minderheiten, neue, arrogante Sieger und damit auch ein Gefühl von verlorener Unschuld und moralischer Verderbnis. Damals herrschte ländliche Tugend, heute böse Zivilisation.

Vor 250 Jahren hat Jean-Jacques Rousseau diese Idee wieder populär gemacht, und sein Einfluss ist bis heute spürbar, von der Vorstellung, dass Städte moralisch verdorben und dekadent sind, bis heute zu den Fantasien über eine einfachere, »entschleunigte« Zukunft mit selbst gezogenem Gemüse. Gerade jetzt, wo die Klimakatastrophe droht, denken manche Leute an eine Rückkehr zum einfachen Leben, mit weniger Technologien und mehr Landluft. Aber so einfach geht es wohl nicht, so funktionieren große, komplexe Gesellschaften nicht, und man kann vor allem Technologien nicht ent-erfinden oder un-erfinden und ihre Wirkung auf Menschen nicht rückgängig machen und historische Traumata nicht verschwinden lassen. Es gibt keine idyllische, einfache Zukunft, in der wir alle unseren kleinen Acker pflügen und uns selbst versorgen. Die Zukunft ist unsicher, aber gerade in ihrer Unsicherheit liegt auch Offenheit.

Pandora und Prometheus erzählen auch die kollektive Erfahrung in der griechischen Gesellschaft, das Wagnis der Selbstdefinition, eine Tollkühnheit, die die Götter erzürnen musste, und die Strafen, die dafür in die Welt gekommen waren. Diese Figuren geben dem vagen Gefühl, sich der Natur und den Wegen der Väter entfremdet zu haben, ein Gesicht, einen Ort in der großen Welt der Götter und ihrer Geschichten, sie beschreiben menschliche Psychologie und die Realität der Macht. Der Feuerdieb wird bestraft, die Götter rächen sich wie betrogene Mafiosi. In einer Zeit, in der Familien das Leben als Bauern oder Hirten oder Fischer gegen das von Städtern und Soldaten eintauschten, war dieser Übergang noch Teil der kollektiven historischen Erfahrung, eine Art schlechtes Gewissen den ländlichen Vätern und Müttern gegenüber. So bekam dieses schlechte Gewissen seine Geschichte, seinen Sinn als Teil einer größeren Erzählung.

Ich bin Prometheus übrigens zum ersten Mal in einer ganz anderen Gestalt begegnet. Wir haben Goethes nach ihm benanntes Gedicht in der Schule gelesen, und es war wie eine Offenbarung für mich. Schon der erste hingeworfene Spruch ist einer der besten, verächtlichsten, coolsten

Sätze der deutschen Literatur: »Bedecke deinen Himmel, Zeus, / Mit Wolkendunst / Und übe, dem Knaben gleich / Der Disteln köpft, / An Eichen dich und Bergeshöhn / Mußt mir meine Erde / Doch lassen stehn / Und meine Hütte die du nicht gebaut, / Und meinen Herd / Um dessen Glut / Du mich beneidest.«

Du kannst randalieren, wie du willst; du kannst mir gar nichts. Goethe, selbst ein junger Mann, als er diesen Monolog schrieb, stellte sich vor, was Prometheus den Göttern zu sagen gehabt hätte, die ihn an den Felsen gekettet haben und die ihn quälen.

Dieser Prometheus ist eine Art antiker Alexej Nawalny. Er spricht von Hoffnung und von Widerstand gegen die Übermacht. Angekettet an seinen Felsen, fordert er den Göttervater Zeus heraus. Die Götter würden verhungern, wenn die Menschen nicht »hoffnungsvolle Toren« wären, die ihnen immer wieder Opfer bringen, obwohl die Götter sich nicht für sie interessieren. Auch Prometheus glaubte als Kind an die Märchen über die Gerechtigkeit der Götter, aber später fand er, dass er von ihnen weder Hilfe noch Mitleid erwarten konnte. Er weigerte sich zu verzweifeln, rettete sich durch sein »heilig glühend Herz« und schlägt aus, den Göttern für irgendetwas Dank zu zollen. Nur »weil nicht alle / Blütenträume« reiften«, wird er das Leben nicht hassen. Er bleibt sich treu. Er schafft »Ein Geschlecht das mir gleich sei, / Zu leiden, zu weinen, / Zu genießen und zu freuen sich, / Und dein nicht zu achten / Wie ich!«

Mir kommt immer wieder die Gänsehaut, wenn ich diese Zeilen vor mich hin sage, eine blöde Sentimentalität, wie bei der Szene in *Casablanca,* bei der mir immer die Tränen in die Augen schießen, wenn der ganze Saal die Marseillaise anstimmt. Unglaublich, wie wirkungsvoll so eine Geschichte sein kann, trotz oder wegen der Tatsache, dass sie zum x-ten Mal wiederholt wird, denn sie drückt immer wieder auf dieselben Knöpfe, die mit starken Erinnerungen verbunden sind.

Aber zurück zu Goethe und seinem Prometheus. Er ist nicht nur trotzig, sondern sogar siegessicher. Das hat er seinem Autor zu verdanken. Goethe war in die Wissenschaften seiner Zeit verliebt, machte selbst naturwissenschaftliche Experimente und schrieb (sehr exzentrische) wissenschaftliche Abhandlungen. Er war ein Mann der Aufklärung, und das ist im Kontext der Hoffnung ein entscheidender Augenblick.

Vor der Aufklärung war die Hoffnung Teil einer religiösen Welt. Sie galt dem Leben nach dem Tod, der Seele, der Ewigkeit. Paulus, der eigentliche Erfinder des Christentums, macht sie zusammen mit Glaube und Liebe zu einer wichtigen Tugend, aber die Hoffnung der Christen und der Anhänger anderer Religionen richtete sich auf das Jenseits. Ein solches hinter dem historischen Horizont platziertes Ziel war vor Enttäuschungen sicher, denn was im Jenseits geschah, blieb geschützt, schließlich gab es keine verlässlichen Berichte von diesem so unendlich wichtigen Leben nach dem Tode. Wer es erreicht hatte, konnte nichts mehr erzählen. So blieb die Hoffnung stabil, weil unerfüllt und unerfüllbar. An dieser Welt, dem irdischen Jammertal, ist ohnehin nicht viel zu ändern, sie ist bestimmt von Krankheit, Leid und Tod, von Verlust und Gewalt und Schmerzen. Unsere Energie muss daher ganz unserem besseren nächsten Leben und der himmlischen Gerechtigkeit gewidmet sein, es ist das Einzige, worauf wir hoffen können.

Mit diesem trotzigen Prometheus nimmt die Geschichte der Hoffnung eine neue Richtung. Wissenschaftler in England, Deutschland, den Niederlanden, Italien und Frankreich erfinden neue Begriffe und Bilder, um die Welt der physikalischen und biologischen Wunder zu beschreiben, und so wird die Natur von der Wissenschaft zumindest in den groben Linien lesbar und vorhersagbar gemacht. Menschen können auf einmal tatsächlich etwas ändern durch Wissenschaft, können mit Maschinen Bewegungen erzeugen, ein Vakuum fabrizieren und Kinder impfen – von nun an schien die Welt unendlich gestaltbar zu sein, kein Problem unlösbar, alles nur eine Frage der Zeit. In diesem Moment wuchsen der Hoffnung Flügel.

Vor dieser intellektuellen Revolution fanden viele Menschen in Europa Sicherheit in ihrer Religion, auch wenn sie sich diese »Wahrheit« ihrer Gesellschaft nicht aussuchen konnten. (Man sagt, dass Fische nicht wissen, was Wasser ist. Auch wir wählen ja nicht das Wasser, in dem wir schwimmen.) Der Glaube wies ihnen einen direkten Pfad zur Unsterblichkeit, zum Jenseits. Mehr noch: Durch Rituale und Gebete, durch Fasten und Opfergaben, Beichte und Buße konnten sie ihrer Hoffnung bessere Chancen geben (meinten sie). Sie erlebten sich nicht mehr völlig hilflos der Zukunft gegenüber, sie konnten ihre Zukunft beeinflussen. Zwar war es fast unmöglich, den Gang des Lebens oder den Verlauf einer Krankheit zu kontrollieren, aber die Gebete und Rituale vermittelten zumindest das Gefühl, Einfluss auf die Welt ausüben, etwas verändern zu können, Gott oder die Jungfrau Maria oder zumindest eine obskure und unterbeschäftigte Heilige zu einem kleinen Wunder zu bewegen. Gebete gaben ein Gefühl von Agency, von Handlungsfreiheit. Beten war zumindest nicht Nichtstun. So haben die Menschen über viele Jahrhunderte in der Vergangenheit gehofft. Es ist (für einen Historiker) noch nicht lange her, dass die Hoffnung Teil von unserer diesseitigen Welt wurde, denn erst mit der Dampfmaschine und der Wissenschaft kam das Zeitalter der Weltverbesserung.

Plötzlich schien es möglich, die natürliche Welt zu verändern, zu kontrollieren. Alle Probleme, von Hunger bis Krankheit und Krieg, würden sich durch Forschung und Technologie lösen lassen, jedes Problem und jedes Übel. Diese Erfahrung, die von immer neuen Entdeckungen und Erfindungen täglich bestätigt wurde, machte das Hoffen schon deshalb einfach, weil die Technik die Natur einzuholen und bald schon zu überflügeln schien. Die Aufmerksamkeit wechselte vom Himmel auf die Erde, weil die Menschheit hier ganz offensichtlich an einer guten Sache arbeitete, am Fortschritt, am Werk der Vorsehung, der Vervollkommnung der Schöpfung.

Mit den ersten erfolgreichen Impfungen und der Newton'schen Physik, mit Kunstdünger und Penicillin, Elektrizität und Turbinen und Transistoren begann sich ein unendlicher Raum der Möglichkeiten zu öffnen. Die Unterwerfung der kapriziösen Natur durch die menschliche Vernunft war nur noch eine Frage der Zeit. Wo so viel Licht war, konnte man die millionenfachen Gräuel, die sich im Schatten abspielten, scheinbar getrost ignorieren. Die Zukunft war brillant, die Utopie erschien am Horizont. So sahen viele Menschen die Welt auch kurz vor Beginn des Ersten Weltkriegs, einer Katastrophe, deren Ausbruch vom übergroßen Optimismus und der Selbstüberschätzung aller Parteien gekennzeichnet war.

Goethes Zeitgenossen im späten 18. Jahrhundert mussten sich damit abfinden, was ihnen passierte, dass ihre Kinder und andere geliebte Menschen plötzlich und unerklärlich starben, dass die Natur bedrohlich und unvorhersehbar war, dass Gewalt und Grausamkeit herrschten, um die öffentliche Ordnung zu wahren. Jetzt aber versprachen die Naturwissenschaften und der neue Kult der reinen Vernunft, der Fakten und der wissenschaftlichen Schlussfolgerungen und Theorien, dass diese ganze Welt den Schatten der Vergangenheit angehörte und ein ganz neues, strahlendes Zeitalter auf die Menschheit wartete, in dem Mangel, Unwissenheit, Krankheit und Leiden keinen Platz mehr hätten. So wurde die Hoffnung zum politischen Projekt, besonders auf der Seite der Unterdrückten, der Arbeiterinnen und Arbeiter, der Sklaven und Leibeigenen und Ausgestoßenen. Die wollten nämlich Veränderung, und Veränderung schien zum ersten Mal in der menschlichen Geschichte wirklich in Reichweite zu liegen.

Im späten 18. Jahrhundert wurde es für wenige Intellektuelle wie Goethe und ein oder zwei Generationen später auch für breite Kreise der Gesellschaft möglich zu denken und mit eigenen Augen zu sehen, welche Geheimnisse die Wissenschaft entschlüsselt hatte. Die Erfüllung der Hoffnungen der Menschheit lag nun nicht mehr nur in der Hand Gottes (oder der Götter), sondern in der Hand von Menschen, die in Laboratorien, Hörsälen und Bibliotheken am Fortschritt der Menschheit arbeiteten.

Natürlich veränderte das, wie Menschen hoffen konnten. Auf einmal schien wirklich alles aufwärts zu gehen, es war nur noch eine Frage der Zeit, bis das Himmlische Jerusalem vollendet war, angefangen mit dem Londoner Abwassersystem. Hoffnung hieß jetzt Veränderung, Reform, Revolution, neue Erfindungen, Entdeckungen und Eisenbahnlinien. So sind die geistigen Kinder und Enkel von Karl Marx ausgezogen, die Welt gerecht zu machen, so zogen die Faschisten aus, um ihren Traum von Reinheit zu verwirklichen, so zogen Kolonialisten los, um im Namen des Herrn unerhörte Reichtümer zusammenzurauben, so predigten die Propheten des freien Marktes, dass der reine Wettbewerb alle Probleme der Welt lösen und allen Menschen ein Leben in liberalen Demokratien bescheren würde.

Ist Hoffnung Weltflucht?, fragst du. Sie neigt dazu, ja. Sie ist eine großartige Fluchthelferin. Aber sie ist nicht dazu verdammt, Getaway Driver für deine unrealistischen Erwartungen zu sein. Bei Pandora bleibt die Hoffnung im Schoß der Erde zurück, aus dem der ewig alte, ewig neue Reichtum der Natur kommt. Sie kann etwas Neues gebären, neue Pflanzen und Tiere, neue Variationen auf das uralte Lied des Menschseins. Hoffnung als Motivation von Veränderung, von Erneuerung und von Revolution ist keine Weltflucht, im Gegenteil. Sie lehnt sich in die Welt hinein. Sie ist noch nicht alt und hat große Energie, genug, um auch in verzweifelten Umständen noch Strategien, Solidarität und Sinn zu finden.

Sinn?, höre ich dich sage, reden wir jetzt über Sinn? Und was soll das sein? Hat das Leben einen Sinn? Oder ist das nicht noch so ein Wort, das wir den Theologinnen überlassen sollten?

Deren Art von Sinn: ja. Aber es gibt noch eine andere Möglichkeit, über Sinn zu sprechen, die diese sehr menschliche Sehnsucht nicht in einen religiösen oder philosophischen, sondern in einen viel größeren, evolutionären Kontext stellt. Eine gute Antwort aus der naturwissenschaftlichen Perspektive gibt Kevin J. Mitchell: »In einem leblosen Universum haben Dinge Konsequenzen, aber nichts hat eine Bedeutung. Dinge passieren einfach, ohne jemanden, der sie so oder so machen will. Nichts hat Sinn oder Wert; nichts ist gut oder schlecht. Aber lebende Wesen versuchen die Dinge zu ändern (um zu überleben), und deswegen bedeuten sie ihnen etwas.« Sinn, sagt Kevin Mitchell, ist eine Funktion des Lebens. Leben hat Intention, es will etwas, nämlich weiterleben.

Sinn besteht, weil Leben besteht, weil lebende Wesen überleben und sich fortpflanzen wollen und dieser Wille ihrer Existenz eine Richtung gibt, eine Struktur und ein Ziel. Im Gegensatz zu Steinen oder Wolken wollen Lebewesen etwas, benutzen Dinge, und deswegen hat auch alles um sie herum einen Wert, einen Zweck, einen Charakter: gut oder böse, essbar oder giftig, attraktiv oder unattraktiv, gefährlich oder ungefährlich. Nichts ist einfach nur da, alles ist bezogen auf Wahrnehmung und Überlebenstrieb, wird von ihnen reflektiert.

Was ist der Sinn von einem Stein? Ich kann herausfinden, was seine Existenz an einem bestimmten Ort für Auswirkungen hat, wie er mit seiner Umgebung interagiert und sie beeinflusst, aber das ist noch kein Sinn, keine Bedeutung. Eine Plastikflasche hat zumindest einen Zweck, für den sie produziert wurde, auch wenn sie keinen Sinn hat, aber sie bedeutet etwas, aber was bedeutet ein Stein? Nichts, weil er zuerst einmal nicht in einem Kontext existiert, in dem es Bedeutung gibt, sondern nur Kausalität.

Einen Sinn bekommt der Stein, wenn ich ihn nehme und

auf einen Altar lege, oder ihn in eine Mauer einmauere, ihn jemandem an den Kopf schleudere oder eine Skulptur aus ihm haue. Dann habe ich dem Stein, der aus einem Kontext kommt, in dem es keinen Sinn gibt, weil Sinn (wie Menschenrechte) etwas von Menschen Erfundenes ist, einen Sinn gegeben im Kontext meines Lebens, meiner Gemeinschaft, meiner Geschichten, meiner Kultur. Vielleicht ist es eher Zweck als Sinn, ihn als Geschoss zu verwenden, aber als Skulptur, die sich in die Bild- und Geschichtenwelt meiner Gesellschaft einfügt, bekommt der Stein auch einen Sinn.

Wenn ich aber einem Stein einen Sinn geben kann, dann auch meinem Leben. Mein Leben, jedes Leben überhaupt, ist vielleicht erst einmal einfach da, ohne etwas zu bedeuten, wie ein Stein. Es will etwas, nämlich überleben, das unterscheidet es vom Stein. Wenn es aber im Kontext anderer Menschen und ihrer Geschichten gelebt wird, dann gewinnt es in diesem Zusammenhang auch einen Sinn, oder es kann einen bekommen, wenn dieser Kontext Sinn und Hoffnung zulässt.

Es gibt Gesellschaften, die besser darin sind, den Menschen, die in ihnen leben, einen Sinn anzubieten, den sie mit dem Kollektiv teilen und in dem sie ihre Rolle finden können, und es gibt andere Gesellschaften, die das viel weniger gut können. Wenn du also so etwas wie ein sinnvolles Leben versuchen willst, wenn du hoffen können willst, dann ist es wichtig zu verstehen, woraus dieser Sinn besteht, welche Strukturen ihn stärken können und was in einer Gesellschaft den Sinn schwächt.

Warum es so wichtig ist, einen Sinn zu finden? Ich glaube: Weil wir die einzigen Tiere sind, die wissen, dass sie sterben werden. Tatsächlich verstehen auch einige andere Spezies, dass andere Tiere sterben, und sie trauern sogar um sie. Elefanten kehren noch jahrelang zu den Überresten ihrer Familienmitglieder zurück, und Primatenforscher haben beobachtet und dokumentiert, dass Schimpansen den Tod von Mitgliedern ihrer Gruppe oder ihrer Familie betrauern, dass sie sich von ihnen verabschieden, sich versammeln und sogar gemeinsam eine Art Ritual abhalten. Schimpansen wurden dabei gefilmt, wie sie sich um die Leiche ihres ehemaligen Alpha-Männchens in einem Kreis versammelten und den toten Körper dann reihum sanft berührten, offensichtlich nicht, um ihn zu wecken, sondern um Abschied zu nehmen. Dann gingen sie still weg. Es ist deutlich, dass sie ihre Geliebten vermissen und alle physischen Symptome und Gesten zeigen, die auch wir in einer solchen Situation zeigen würden.

Schimpansen und einige andere Arten verstehen das Phänomen Tod, aber offenbar ahnen sie nicht, dass sie selbst auch sterben werden, und deshalb haben sie wohl auch keine Angst vor ihrem eigenen Tod. Soweit Beobachtungen das belegen können, machen sie sich keine Sorgen darüber, auch wenn sie um ihre Liebsten trauern. Natürlich haben auch sie Angst und, wenn sie bedroht werden, sogar Todesangst, aber sie scheinen nicht an ihren eigenen Tod in einer abstrakten Zukunft zu denken, an die Sicherheit, dass er eines Tages eintreten wird. Soweit wir wissen.

Die Sehnsucht nach Sinn ist die Antwort auf die Todesangst, die beiden gehören zusammen. Homo sapiens versteht als (unserem Wissen nach) einziges Tier, dass er oder sie persönlich sterben wird, und das ist ein unerträglicher Gedanke, denn er eröffnet den Abgrund des Nichtseins, des

Nichtweitergehens, der völligen Sinnlosigkeit. Ein größerer, höherer Sinn erlaubt uns, den Überlebenstrieb in eine Geschichte zu sublimieren, in eine offenbarte Wahrheit oder einen fernen Hoffnungsort. Durch diesen Sinn bekommt unser Leben eine Form, eine Orientierung, durch ihn überleben wir unseren eigenen Tod.

Das Einzige, was ich von mir wissen kann, ist, dass ich mein Leben lang immer da gewesen bin, als erlebendes Bewusstsein, dass es in meinem Erleben nie kein Mich gab. Das auszulöschen führt über alles hinaus, was denkbar ist. Nichtsein und Nichtkontinuität öffnen ein schwarzes Loch des Denkens. Um mich in der Welt denken zu können, muss ich mich körperlich und erzählerisch als Teil eines größeren Ganzen sehen und verhalten, denn nur als Teil des großen Organismus, als Figur in der großen Geschichte nehme ich auch teil an dessen Leben, das meines überschreitet.

Ich lebe weiter in diesem großen Ganzen, so wie ich auch schon vor meinem Leben durch es existiert habe, als Ahnung, als Gesten von sprechenden Händen und Winkel von tausend Schultern, als Augenaufschlag und als Sinn für Humor, als Handwerk, als all das, was ich mitbekommen habe, als gemeinsames Projekt. Ich bin nicht allein, ich bin nicht einmal ein Individuum, das innerhalb seiner Grenzen leben und sterben muss. Ich bin verbunden, ich nehme teil. Das ist die Antwort auf unsere Sterblichkeit. Das gibt Trost. Und Hoffnung.

Dazu kommt noch etwas. Wie andere Tiere sehen auch wir die Welt immer im Hinblick auf unser Überleben, auf Nutzen oder Gefahr in unserer Umwelt. Es war leichter zu überleben, wenn man den sprichwörtlichen Tiger im Dickicht sehen konnte, wissen konnte, dass diese Spuren ein

Hirsch hinterlassen hatte und dass die grünen Früchte an diesem Strauch bald reif sind, dass dieser Stein ein Feuerstein ist, aus dem ich ein Messer schlagen kann, dass dieses Kraut bei Menstruationsbeschwerden hilft und jenes mich mit den Geistern in Verbindung bringt. Wir sehen die Welt um uns herum in Mustern, wir sehen Muster, Zweck und Absicht überall.

So wird bald jedem Phänomen und jeder Erfahrung ein Sinn zugeschrieben, und wenn es keinen offensichtlichen Sinn gibt, dann muss es eben ein geheimer oder okkulter sein. Wenn ich nicht sehe, was etwas bewegt, dann muss die Kraft, die es bewegt, ein Geist sein. Das Leben muss Sinn ergeben, denn wir können uns nur durch eine sinnvolle Welt bewegen. In einem Universum des Zufalls können wir nichts tun, was auch vorhersagbare Konsequenzen hat, und so können wir nicht handeln. Mehr noch: Das Chaos unseres Erlebens, in dem die Moral und Gesetze in unseren Köpfen sich eben nicht in der Welt draußen abbilden, ist eine existenzielle Bedrohung für uns.

Für den französischen Philosophen Albert Camus war diese Unsinnigkeit der Welt so unerträglich, dass er aus der Erfahrung der Absurdheit heraus, in der es unmöglich ist, dass die Menschen ihre Begehren nach »Ordnung und Glück« verwirklicht sehen, weil die irrationale und stumme Welt sich einfach nicht ihrer Vernunft unterordnen will, den Selbstmord als einzig logische Konsequenz sieht. Die Evolution aber hat eine andere Antwort gefunden: Geschichten.

Um der Unsinnigkeit der Welt und der Unerträglichkeit des Zufalls entgegenzutreten, um zumindest in unserem Geist eine Welt zu haben, durch die wir uns sicher bewegen können, in der wir wissen, was gefragt ist, und in der unsere Handlungen voraussagbare Konsequenzen haben, in der Tugend belohnt und Laster bestraft wird, in der es eine vorhersagbare Ordnung gibt, erzählen wir uns Geschichten über diese Welt. Wir nehmen das Rohmaterial unseres Erlebens und unserer Erinnerung und ordnen es nach den Kriterien einer Handlung, eines Ganzen, mit Anfang–Mitte–Ende, mit einer Quest und einem Höhepunkt, mit Helden und Schurken, weil unser Geist diese Fiktion braucht, um nicht unterzugehen. So entsteht Sinn im Leben einer Tierart, die über Sprache verfügt und ihre Begierden in Geschichten übersetzt, über sich selbst hinausgreift, immer und immer wieder.

Dieser Sinn kommt in Form von Geschichten, die uns erzählen, wer wir sind und wo wir herkommen und wer unsere Leute sind und wie unsere Leute funktionieren und was gut ist und was schlecht und wie sich jemand verhält, wenn er in einer bestimmten Situation ist, was ehrenhaft ist, was richtig ist, wo Widerstand beginnt. Diese Geschichten verbinden uns mit einer gemeinsamen Erinnerung und einer möglichen Zukunft, denn sie sind ja auch Anleitung für das Handeln und Landkarten des Lebens, das vor uns liegt. Deswegen ist es entscheidend, welche Geschichten sich eine Gesellschaft erzählt.

Je mehr ich darüber nachdenke, desto mehr bin ich davon überzeugt, dass Menschen von drei Grundmotivationen angetrieben werden: Sex (Eros für die alten Griechen), Todesangst (Thanatos, sein Schatten) und die Sehnsucht nach Sinn. Wir teilen den Eros, das Begehren, mit allem Leben, und wir teilen auch den Tod – die Todesangst scheint Homo sapiens aber für sich allein gepachtet zu haben. Die Sehnsucht nach Sinn, bei Camus das Verlangen nach Ordnung und Schönheit, ist die Antwort auf diese Todesangst. Nur weil wir wissen, dass wir selbst ein Ende haben werden, schaffen wir Geschichten, die ein Ziel haben, eine Struktur, einen Sinn, Erzählfäden, die uns auffangen und davor schützen, in die ewige, sprachlose Dunkelheit zu fallen. Durch unsere Geschichten werden wir zum Teil eines größeren Ganzen. Wir spielen eine Rolle in einer Erzählung, die uns überdauert, und so sterben wir nicht ganz.

Diese Sehnsucht nach Sinn macht aus Homo sapiens geschichtenerzählende Tiere. Alle Menschen in allen Kulturen, die wir kennen, erzählen Geschichten, von frühester Kindheit an. Kinder sind süchtig nach Geschichten und nach Wiederholung. Noch mal! Noch mal! So üben sie die Strukturen des Menschseins ein.

Für den größten Teil ihrer Existenz haben Gruppen von Menschen und Kulturen sich Geschichten erzählt, die sie mit Naturkräften, mit Dämonen und Orten und heiligen Bergen und Ahnen identifizierten. Die Welt bestand aus ihren Geschichten, und die Erzählungen waren in einer konkreten Wirklichkeit verankert. So konnte die Sehnsucht nach Sinn ihr Objekt finden oder erfinden. Es hieß Gott oder Gottheit oder Göttin oder Pantheon oder Buddha oder Christus oder wie auch immer – der Brunnen aller Geschichten und aller Wahrheit, die außerhalb und vor aller menschlichen Kultur besteht.

Im aufgeklärten 18. Jahrhundert gerieten diese Geschichten schnell in Seenot. Was, schrieben anonyme Autoren, die damit ihr Leben riskierten, wenn es keinen Gott gibt, wenn Glaube und Hoffnungen von Millionen auf eine Illusion gerichtet sind und betrogen werden? Was wird dann aus dem

Begehren nach Sinn? Was, wenn das Objekt, nach dem sich unsere Sehnsucht reckt, gar nicht existiert? Wie kann man hoffen in einem materiellen Universum?

Besonders für meinen alten Freund Denis Diderot war der Gedanke unerträglich, dass nichts bleiben würde von ihm und von seiner Leidenschaft für seine langjährige Geliebte und Seelenfreundin Sophie Volland. Er war einer der furchtlosesten Denker seiner Zeit, auch in seinen Gedankenexperimenten. In einem Brief an Sophie entfaltet er eine erstaunliche Vision von einer anarchistischen, materialistischen Spiritualität. Niemand sagt uns, dass die Materie eines Körpers, der einmal gelebt hat, nicht eine eigene Art von Bewusstsein behält, schreibt er. Vielleicht ist das Leben wie ein Polyp: unendlich teilbar in immer kleinere Fragmente, die alle vollständig und lebensfähig sind. Das bringt ihn auf einen gewagten lyrischen Gedanken, den er seiner Geliebten zu Füßen legt:

> O meine Sophie, es bliebe mir also eine Hoffnung, Sie berühren, Sie fühlen, Sie lieben, Sie suchen zu können, um mich mit Ihnen zu vereinigen, zu vermischen, sobald wir einmal nicht mehr sein werden! Wenn es doch so wäre, daß in unseren Bestandteilen das Gesetz der Anziehungskraft herrscht, daß es uns vorbehalten ist, ein gemeinsames Wesen zu bilden, daß ich in den folgenden Jahrhunderten ein Ganzes mit Ihnen werde, daß die Moleküle Ihres aufgelösten Geliebten unversehens in Aufruhr geraten und sich vorwärts bewegen, um Ihre überall in der Natur verstreuten Teilchen zu suchen! Lassen Sie mir diese Lieblingsidee; sie ist mir süß; sie sichert mir die Ewigkeit in Ihnen und mit Ihnen.

Moleküle, die einander nach langer Zeit wiederfinden, Materie, die eine Art von Erinnerung zu haben scheint – Diderot war seiner Zeit immer wieder voraus, vielleicht auch, weil er nie versuchte, in seinem Denken irgendeinem System zu folgen.

Ich gebe zu: Diderots materialistische Hoffnung auf ein Nachleben als liebendes, begehrendes, sich erinnerndes Molekül ist ein seltsames Gedankenspiel, aber als gelernter Theologe und gewordener Atheist schlug er sich lange mit der Idee des Nachlebens herum, mit der Frage, wie sein eigenes körperliches Leben überdauern würde. Würden seine Bücher, seine Reputation, seine Tochter ihm ein Nachleben garantieren? (Ironischerweise taten sie das Gegenteil, aber das ist eine andere Geschichte.)

Diderot war sich sehr bewusst, dass er das Loch, das geblieben war, nachdem er Gott aus seinem Leben eliminiert hatte, nicht einfach und vielleicht sogar gar nicht schließen konnte. Seine Sehnsucht nach einem ultimativen Sinn, einer höheren Wahrheit, einer objektiven Moral hatte einfach kein Objekt in der Welt außerhalb von seinem Kopf. Da war niemand.

Die Einsicht, dass die Sehnsucht nach Sinn, das Verlangen nach einer höheren Wahrheit, um derentwillen Menschen bereit sind, ihr eigenes Leben zu opfern oder andere Menschen zu töten, eben kein Objekt haben muss, brachte spätere, aufgeklärte Denker dazu, diese Sehnsucht nach Sinn als sentimental, nicht rational und unaufgeklärt abzutun und zu unterdrücken. Es gibt keinen metaphysischen Sinn, keinen Gott, alles ist Materie, argumentierten sie, und deswegen ist es unvernünftig, ihn zu suchen. Mit solchen romantischen Gefühlen kann man keine rationale Gesellschaft bauen, also weg damit. Solche Regungen sind eines rationalen Menschen nicht würdig.

Das Problem ist nur: Wie die Libido lässt sich auch die Sehnsucht nach Sinn nicht einfach so ignorieren. Sie lebt weiter, fordert ihren Platz. Und wenn du ihr keinen gibst, dann nimmt sie sich einen.

Eine Religion oder auch eine Ideologie sind wunderbare Mechanismen, um die individuelle Sehnsucht nach Sinn in geordnete, kollektive Bahnen zu leiten, indem nicht nur ein Sinn vorgegeben wird, sondern auch seine Geschichte, die Rituale und Opfer, die er verlangt, die Handlungsanweisungen, die er gibt. Leider sind sie meist erlogen oder sonst wie so konstruiert, dass sie immer wieder zu Maschinen der Macht und der Unterdrückung werden. Trotzdem sind viele Menschen dankbar, das Angebot anzunehmen und sich so einen Sinn zu kaufen, der übrigens nach dem Zusammenbruch der großen politischen Ideologien auch immer mehr aus der Mode gekommen ist. Auch die Identität als Konsument, der seine oder die ihre Identität durch Konsumentscheidungen wie Sneakers, Handtaschen, Autos, iPhones oder Ferien signalisiert, hat sich damit einem Sinn angeschlossen, den der Markt schafft.

Unsere Sehnsucht nach Sinn hat kein Objekt, deswegen schaffen wir dauernd Ersatz für dieses fehlende Zentrum. Es gibt den universalen moralischen Sinn, den sie sucht und postuliert, nicht irgendwo da draußen im Universum und nicht in irgendeinem Jenseits, das wir nicht selbst erfunden hätten. Das aber macht die Sehnsucht nicht weniger virulent. Die meisten Theologen der westlichen Tradition haben diese Sehnsucht mit ihrem Gott identifiziert und als Ahnung seiner Wahrheit interpretiert. Diejenigen aber, die mit der Religion gebrochen haben, haben meistens auch diese Sehnsucht als eine Illusion entlarvt. Im rationalistischen Universum hat sie keinen Platz. Trotzdem aber bleibt sie eine treibende Kraft in unserem Leben und verführt uns dazu, uns alle möglichen und unmöglichen Objekte zu suchen, um diese Sehnsucht zu befriedigen.

Man löst aber Herausforderungen nicht, indem man sie negiert, man lässt sie nur im Dunkeln gären, das hat nicht nur der alte Dr. Freud erkannt, sondern vor ihm auch schon Shakespeare. Daraus entsteht eine Frage, die daran erinnert, wie wir lernen, mit unserer Libido umzugehen (nämlich mehr schlecht als recht, aber doch immerhin): Wie ist es möglich, mit der eigenen Sehnsucht nach Sinn friedlich zusammenzuleben? Diese Sehnsucht verlangt nach Befriedigung, kann sie aber nie finden, denn wonach sie sich sehnt, das gibt es nicht, das ist pure Erfindung. Auch wenn ich das verstehe, meine Sehnsucht versteht es nicht. Sie sehnt sich weiter, begehrt weiter, sucht weiter, konzentriert meine Aufmerksamkeit und monopolisiert mein Denken. Sie bleibt, und sie ist stark und ich brauche sie auch, denn sie gibt mir Energie und Orientierung. Wie ist es möglich, diese Sehnsucht nicht zu unterdrücken, sondern mit ihr spielen zu lernen, sodass sie einen konstruktiven Einfluss auf dich ausübt, als graue Eminenz gewissermaßen? Wie kannst du ihr einen Ort in deinem Leben und in deiner Vorstellung geben, auch wenn sie kein Objekt hat?

Die Antwort ist sehr alt. Sie heißt: das Theater, später das Buch, noch später Leinwand und Bildschirm. Wenn ich ins Theater gehe, muss ich meinen kritischen Tagesverstand zumindest für die Dauer des Stücks an der Garderobe abgeben, denn wenn ich im Publikum sitze und mir nur denke, dass da oben acht Meter siebzig weit weg von mir ein Herr Mooshuber nach Jahren auf der Schauspielschule auswendig gelernte Worte irgendeines Autors aufsagt und dazu Gefühlszustände imitiert, weil er dafür nach Tarifvertrag und Dienstalter entlohnt wird, kann ich mir mein Eintrittsgeld auch gleich sparen. Ich sehe das Stück mit den falschen Augen. Ich muss mich einlassen auf die Tragödien und emotionalen Konflikte der Figuren, muss ihren Geschichten glauben, muss mit den Personen auf der Bühne mitleben, in ihrem Spiel eine Art Wahrheit über das Leben erkennen und nicht nur erkennen, sondern auch fühlen lernen, mir erlauben, es zu fühlen und meinen kritischen Kopf dabei nicht vorrangig zu gebrauchen.

Erst wenn ich mich darauf einlasse, für einen ritualisierten und begrenzten Moment in einer kunstvollen Lüge eine poetische Wahrheit zu erkennen, meine eigenen Probleme und Ängste und Verwundbarkeiten mit diesen Personen und Schicksalen zu identifizieren, wird mein Theaterbesuch sinnvoll, ein Erlebnis, vielleicht sogar eine Katharsis, in der meine Sehnsucht nach Sinn zu ihrem Recht kommt, weil sie einer Tiefe des Ausdrucks und einer Form für ihre Intensität begegnet, die sie vorher vielleicht noch nicht kannte, auf jeden Fall aber immer wieder einüben muss. Aber ich muss meine Räume gut trennen lernen. Der Mann, Herr Mooshuber, der da drei Stunden lang vor mir als Othello gewütet hat, ist auf der Straße und abgeschminkt nicht mehr in seiner Rolle, und ich sollte nicht die Polizei rufen, wenn ich ihn sehe, denn alles, was da drinnen passiert ist, war nur gespielt. Ich darf auch seine Kolleginnen nach ihren Auftritten nicht als monströse Mutter oder komischen Trottel behandeln. Das war auf der Bühne. Dies ist auf der Straße.

(Es gibt auch außerhalb des Theaters monströse Mütter und komische Trottel, ja natürlich. Und so entsteht das Spiel der Spiegelungen.)

Unterschiedliche Regeln, unterschiedliche Funktionen. Und beide sind gleich wichtig. Ich wäre als fühlender und denkender Mensch ärmer, wenn ich mich nicht auf das Bühnenereignis einlassen könnte (oder auf die Graphic Novel, den Roman, den Film, das Spiel), wenn ich meiner Sehnsucht nach Sinn nicht für diese drei Stunden stattgeben würde, indem ich mich auf eine geordnete und erzählte Wirklichkeit einlasse. Durch so eine Erfahrung kann ich erleben, dass ich weniger einsam bin, dass andere Menschen meine Konflikte schon intensiver durchlebt und ausgelotet und ihnen eine Form gegeben haben, in der ich mich jetzt bewegen kann. Das ist ein existenzieller Trost, ein Fühlen der Resonanz einer Kultur durch die Jahrhunderte und durch die Gegenwart, aber das, was ich da höre und lerne, ist in der Welt da draußen nur sehr begrenzt oder verwandelt anwendbar. Dort muss ich meine Sehnsucht im Zaum halten. Alles ist letztendlich erlogen, um mir eine Geschichte lebendig werden zu lassen, durch die ich selbst leben kann, deren Handlung und Figuren Teil von meiner Art werden, in der Welt zu sein.

Aber natürlich besteht eine sehr lebendige Beziehung zwischen dem Theater und der Straße. Im Theater lerne ich Empathie, lerne ich, die emotionalen Horizonte und existenziellen Konflikte anderer Menschen zu verstehen und auch, wie sie gesehen, behandelt, gelöst werden. Das beeinflusst, wer ich auf der Straße bin, wie ich selbst mich verhalte und Dinge bewerte; und die Erfahrungen, die ich hier mache, die grausamen Zufälle und plötzlichen Wendungen, treiben mich wieder ins Theater, um einen Rahmen für dieses Chaos zu finden.

Dies scheint mir die einzig mögliche Art zu sein, mit der so mächtigen, schöpferischen und verräterischen Sehnsucht nach Sinn umzugehen: das Spiel. Jedes Spiel gibt dem Erleben Struktur, fasst es ein in Regeln, an einen Ort und einen Moment, an dem es stattfinden und Emotionen bündeln und symbolisch ausleben kann. Danach wechsle ich wieder in mein reales Leben. Die Rituale an sich sind nicht wahr, kein Spiel ist wahr, aber seine Ordnung kann auf den Rest des Lebens übergreifen und so zur Tatsache werden, Tatsachen formen.

Diderot hat mich auf diesen Gedanken gebracht, auch wenn er ihn nirgendwo so klar formuliert. Diderot, der leider knapp zweihundert Jahre vor meiner Geburt gestorben ist, war nicht nur ein großer Philosoph, sondern auch ein widersprüchlicher und sentimentaler Mensch. Er war in einem frommen Haus aufgewachsen und selbst fromm gewesen, ursprünglich sollte er Priester werden und war auch in einem Priesterseminar gewesen, hatte aber als Heranwachsender seinen Glauben verloren, weil er immer mehr über Wissenschaften las und über Geschichte und weil die Religion für ihn einfach keinen Sinn mehr ergab. Er hatte sich sozusagen um die Religion gedacht.

Trotzdem hatte er seine Nostalgie für den Glauben nicht verloren, für die Geborgenheit in einer großen Wahrheit, in einem Ritual und seiner Schönheit, in einer Moral, die auf Steinplatten eingemeißelt ist. Er hatte das Objekt seiner Sehnsucht verloren, nämlich Gott, nicht aber seine Sehnsucht selbst, wie jemand, der Liebeskummer nach einer Toten hat oder vielleicht nach einer teuren Illusion, denn auch Illusionen kann man leidenschaftlich lieben. Seine aufgeklärten Freunde verwarfen nicht nur Gott, sondern auch den Glauben an ihn, aber Diderot stellte sich eine interessantere Frage, nämlich was denn seine Sehnsucht nach Sinn für ihn bedeuten könnte, ohne sie gleich zu verbannen.

Und weil er Diderot war, dachte er darüber nicht in langen theoretischen Büchern, sondern in Romanen, Theaterstücken und Geschichten nach, in denen er seine Leserinnen immer wieder damit konfrontiert, dass sie ihrer Sehnsucht nach Sinn nicht einfach folgen können. Mitten in seinem Roman *Jacques der Fatalist* erinnert er daran, dass er, der Autor Denis Diderot, es in der Hand hat, was als Nächstes passiert, dass du ihm schon vertrauen musst, dass er mit dem Helden machen kann, was er will. Er spielt mit seinen Lesern, mit ihren Erwartungen und ihrem Vertrauen, mit dem Schicksal seiner Figuren – und mit seinem eigenen Verlangen danach, sich einer Geschichte anzuvertrauen.

Das ist ein wichtiger und für mein Gefühl sehr moderner Gedanke. Diderot hat versucht, Frieden mit seiner Sehnsucht nach Sinn zu schließen, mit ihr spielen zu lernen, ihr Raum zu geben, ohne sich von ihr auffressen zu lassen, so, wie man mit einem wilden Tier zusammenleben würde, das man füttert und gelegentlich sogar streichelt, das aber sein eigenes Leben hat, seine unbezähmbare Andersheit. Er hatte rational erkannt, dass seine Sehnsucht nach Sinn kein Objekt hatte, das außerhalb von ihm bestand (Gott), aber er wusste auch, dass seine Sehnsucht Teil seines Lebens bleiben musste, dass sein Leben ohne dieses Sehnen ärmer wäre.

Jede Art von gesellschaftlichem Sinn ist ein Hirngespinst, eine Fiktion. Aber auch Fiktionen sind Teil der Natur, und sie sind immens mächtig. Fiktionen schaffen und verändern Welten, Menschen opfern sich für sie, töten für sie, bauen für sie, träumen von ihnen. Ein sinnvolles Leben kommt dann zustande, wenn Menschen so handeln, als lebten sie in einer sinnvollen Welt, als wären sie Teil eines sinnvollen Ganzen. Unsere Sehnsucht nach einem kollektiven Sinn, unsere Liebe zu Geschichten und unsere Fähigkeit zur Kooperation und zum komplexen Denken gehören zusammen, wir sind soziale Wesen, weil wir uns einander erzählen. Vielleicht ist die Fiktion notwendig, um alles zusammenhalten zu können – und vielleicht zerbröckelt etwas existenziell Wichtiges, wenn die Identifikation der Bürger:innen dieser Gesellschaft mit ihrer geteilten Geschichte abnimmt.

Eine geteilte Geschichte übrigens ist nicht dasselbe wie eine geteilte Vergangenheit. Nichts kann mehr trennen als eine gemeinsame Vergangenheit, das zeigen Jahrhunderte von Kriegen zwischen Nachbarn. Gerade solche Konflikte zwischen Geschwistern sind oft besonders grausam, weil eine Seite ganz die Kultur und Erinnerung der anderen auslöschen muss, um endlich den Krieg der Geschichte zu gewinnen, der den Menschen oft viel wichtiger ist als der aktuelle Konflikt. Noch heute sind Menschen buchstäblich dazu bereit, für bestimmte Geschichten und bestimmte Visionen der Geschichte ihr Leben zu opfern. Nicht nur islamistische Attentäter tun das; auch Bürgerrechtsaktivistinnen und Mitarbeiter von Hilfsorganisationen, Journalistinnen und Ärzte, Klimaaktivisten und Faschistinnen riskieren ihr Leben für die Geschichte, von der sie ein Teil sein wollen.

In diesem Sinne also gibt es nichts Wichtigeres als die

Fiktionen, die sich eine Gesellschaft erzählt. Im Fall der deutschen Gymnasiasten entschieden die Geschichten in ihren Köpfen darüber, ob sie willens waren, fürs Vaterland zu sterben und zu töten, eine Frage, auf die ihre Urgroßväter noch vollkommen anders geantwortet hatten, mit tödlichen Konsequenzen.

Ob Individuen oder Gruppen, Stämme – es ist unmöglich, ohne Geschichten zu leben, ohne sich etwas über sich selbst zu erzählen, ohne in dramatischen Situationen zu denken und zu kommunizieren, wer du bist, wofür du stehst, zu welchem Stamm du gehörst, womit du dich identifizierst. Es ist unmöglich, eine rein objektive und faktische Geschichte über sich selbst zu erzählen, denn jede Erzählung ist das Resultat von Auswahl, Interpretation, Dramatisierung.

Wenn du dich also entschließt, über einen Sinn nachzudenken und darüber, was er für dich bedeuten könnte, musst du dich zuerst von der frommen Idee verabschieden, die Wahrheit zu finden oder dich selbst. Zuerst einmal scheint mir das Finden gar nicht so wichtig. Das ist nur das Missverständnis einer Zeit, die von Produktivität und Ergebnissen besessen ist. Zweitens aber ist Sinn nichts anderes als ein Spiel mit Geschichten, mit den eigenen Sehnsüchten und der eigenen Vernunft.

TRICKBETRÜGER

Von meinem Hotelzimmer blicke ich über den Hauptbahnhof von Utrecht, alles Glas und Stahl und Beton, grau unter dem grauen Himmel, mit leuchtenden, gelb-blauen Zügen. Ich bin etwas verstört, denn das letzte Mal, als ich diese Stadt besucht habe, gab es diesen Stadtteil noch nicht. Utrecht war eine verschlafene Universitätsstadt mit Grachten und alten Backsteinhäusern aus dem 17. Jahrhundert, mit Marktständen und kleinen Läden. Jetzt, kaum zwanzig Jahre später, hat sich ein ganzes Stadtviertel in die alte Stadt geschoben, wie ein Ozeantanker, der eine Hafenmauer rammt. Der Bahnhof, Banken, eine gigantische Shoppingmall mit riesigen Geschäften und Brand Worlds, alles, was der Mensch so braucht.

In kürzester Zeit bist du wieder zwischen den alten Häusern, der Tanker-Unfall ereignete sich entlang einer klaren Linie. Trotzdem: Wie schnell eine Stadt ihr Gesicht wechseln kann! Ich gehe am alten Bollwerk entlang, wo Menschen joggen und mit ihren Hunden spazieren gehen oder Arm in Arm miteinander redend langsam schlendern. Narzissen und Krokusse blühen auf den Rasenflächen. Es ist Ende Februar, sie sind um Wochen zu früh. Trotzdem freue ich mich an ihnen. Die Natur sagt: Es geht weiter. Nach Wochen, in denen alles tot schien, kahl, kalt und fahl, brechen diese Blumen durch und verkünden, dass es Zeit ist, aufzubrechen, es noch einmal zu versuchen. Frühling. Hoffnung.

In meinem Hotelzimmer leuchten keine Narzissen, aber zwanzig Meter unter mir fahren immerhin gelb-blaue Spielzeugzüge durch die graue Utopie. Ist es das, worauf Menschen jetzt hoffen, das Ideal einer besseren Zukunft, eine Welt mit klar ausgeschilderten Wegen und Rolltreppen, die alle zur Shoppingmall führen? Kann die Hoffnung so schnell ihr Gesicht verändern?

Während ich aus dem Fenster schaue, wird es Nacht. Ich denke an den Sonnenuntergang in Bogotá, die drohenden Wolken. Hier ist dieses Drama gezähmt. Der Himmel versinkt einfach in der Dunkelheit, der Bahnhof dämmert in ein Bild aus weiß beleuchteten Streifen, gelegentlich rollen Reihen von honigglühenden Rechtecken vorbei, das sind die Züge. In den Hochhäusern gegenüber sind einige Fenster beleuchtet, sie formen Muster entlang der Fassade, die so aussehen, als wollte jemand geheime Botschaften verschicken. Es hat seine eigene Schönheit, was ich da sehe.

Die Hoffnung hat oft das Gesicht gewechselt oder doch zumindest das Kostüm. Aber immer erzählt sie Geschichten. Sie fordert dich auf, ihr zu glauben, ihr zu folgen, ihr zu vertrauen, auch wenn die Vernunft davon abrät. Hör nicht hin, säuselt sie, ich bin deine Chance, deine Geliebte, deine Bestimmung. Ich bin die Antwort auf deine Sehnsucht nach Sinn. Wenn wir über Hoffnung sprechen wollen, müssen wir deswegen auch über Geschichten sprechen, denn jede Hoffnung erzählt dir eine Geschichte.

Jede Hoffnung beginnt wie eine Trickbetrügerin. Es ist wie bei Hustlern und Taschendieben auf einem Bahnhof, einem geschäftigen Platz, eingequetscht zwischen Menschen in der U-Bahn. Jeder weiß, was er tut. Jeder hat seine

Masche. Alles geübt, geprobt, hundertmal ausprobiert. Ein junger Typ mit einer Bratwurst in der Hand bekleckst deine Jacke mit Senf und fängt sofort an, sich zu entschuldigen und dich umständlich abzuputzen, während ein anderer dir von hinten in die Tasche greift; da ist das Mädchen, das dringend zwanzig Euro für ihre Zugfahrkarte braucht und das doch den Bahnhof nie verlässt; da ist der junge Mann mit seiner Geschichte über die Miete, die er unbedingt noch heute zahlen muss, sonst wird er rausgeworfen, und die junge Frau mit Baby, die dieselbe Geschichte erzählt. Früher gab es noch die Typen, die Geld wechselten, zu einem tollen Kurs, oder Designer-Uhren anboten, jetzt gibt es die Anrufe und Nachrichten von Helplines und Banken, Enkeln oder asiatischen Schönheiten, die mit einem abgeräumten Konto enden. Alle erzählen sie dir eine Geschichte, alle wollen sie, dass du ihnen glaubst, gerade lang genug, dass sie sich mit ihrer Beute in Luft auflösen können.

Auch die Hoffnung erzählt dir Rührgeschichten und verspricht dir das Blaue vom Himmel herunter. Aber du kannst ihre Masche verstehen lernen, ihren kleinen Trickbetrug, mit dem sie deine Taschen leert und deine Gefühle manipuliert. Du kannst beobachten und rekonstruieren, wie sie dir Geschichten erzählt und welche Geschichten sie erzählt, und dann ist es besser möglich zu verstehen, wie diese Geschichten dich und dein Verhältnis zur Zukunft prägen und formen, wie sie deinen Alltag und deine Gefühle und Prinzipien bestimmen. Ja, all das ist in den Geschichten enthalten, die die Hoffnung uns seit frühester Kindheit zuraunt.

Für Camus sind wir deswegen alle Sisyphos, der Held der griechischen Mythologie, der von den Göttern gestraft wurde, immer wieder einen Felsblock einen Berg hinaufzurollen, der immer wieder herabrollt. Und wieder fängt er an, stemmt seine Schultern gegen den Stein, Schritt für Schritt bis zum Gipfel – und wieder stürzt der Fels ins Tal. Das Leben ist absurd, Selbstmord die einzige Lösung, denkt Camus, wenn man nicht lernt, die Absurdität des eigenen Lebens anzunehmen und sich Sisyphos als glücklichen Menschen vorzustellen.

Albert Camus erzählt einen Mythos neu. Sein Sisyphos ist sehr modern, die Antwort auf die viel beschworene Sinnkrise der Moderne. Suche nicht nach Sinn, akzeptiere die Sinnlosigkeit deines Lebens und sei glücklich beim Steinerollen. Das ist die letzte Rebellion, die dir bleibt.

Diese kalte Analyse hat den französischen Philosophen berühmt gemacht. Aber man kann diese Geschichte (wie immer!) auch anders lesen: Camus erzählt einen alten Mythos neu, und dadurch, dass er das tut, kommt er für mein Gefühl einer Antwort auf seine eigene Frage näher als mit seiner Schlussfolgerung. Wenn seine Frage war, wie es möglich sei, mit der Absurdität des Lebens umzugehen, dann heißt eine Antwort vielleicht, sich mit einem Leben als Sisyphos anzufreunden oder dieses absurde Leben zu beenden. Aber mit seiner modernen Version eines alten Mythos macht Camus auch etwas anderes: Er erzählt eine Geschichte, in der wir unser Leben spiegeln können, er schafft Sinn. Die Antwort heißt nicht Felsen schleppen, weil es nun mal sein muss, sondern Geschichten erzählen darüber, was wir tun und warum, Sinn schaffen.

Camus hilft dir, unseren existenziellen Hunger auf Geschichten zu verstehen. Das Leben, so wie wir es erfahren, ist chaotisch, ungerecht und bedrohlich – und tödlich. Menschen und Tiere leiden sinnlos, ihr Leben ist von dummen

Zufällen bestimmt, sie selbst sind grausam und gleichgültig, hungern oder werden unschuldig zerbombt oder leben in unverdientem Reichtum, das Leiden und das gute Leben sind offensichtlich ungerecht verteilt, und am Ende sterben alle.

Das ist ein unerträglicher Zustand, gegen den unsere Psyche rebelliert. Es würde jede Motivation zerstören, wenn wir leben würden, als ob diese Welt so zufällig, grausam und sinnlos wäre, wie sie ist. Warum würden wir irgendetwas anfangen, wenn es keine starke Verbindung zwischen unseren Absichten und den Resultaten gibt? Also beginnt unsere Psyche Erfahrungen neu zu ordnen, in Beziehung zu setzen, ihnen eine Struktur zu geben. Sie erzählt uns eine Geschichte, in der Handlungen voraussagbare und gerechte Konsequenzen haben, denn nur das kann uns aus der psychischen Lähmung befreien. Erzählungen, Dramen, klassische Formen des Aufbaus und der Zuspitzung geben der chaotischen und ungerechten Realität einen narrativen Rahmen. Wie die arme Scheherazade aus *Tausendundeiner Nacht* muss auch unser Bedürfnis nach Sinn sich die Welt dauernd wieder neu erzählen, um noch einen weiteren Tag in dieser Unordnung und Ungerechtigkeit existieren zu können.

Die Welt als sich endlos weiterschreibender Roman, als wuchernde Fernsehserie wird zur emotionalen Überlebenshilfe, denn nur als Teil einer fiktionalen Ordnung kann die tatsächliche Unordnung erträglich sein, kann ich mich morgen früh noch motivieren, aufzustehen und mich wieder zu bemühen.

Diese ständige Neuerzählung unserer Erfahrung ist das, was wir als konstante innere Stimme erleben, als Selbst.

Wir sind Geschichten. Wir brauchen sie, weil wir im Gegensatz zu anderen Tieren wissen, dass unser eigenes Leben enden wird. Wenn wir unsterblich wären oder 50 000 Jahre leben würden, bräuchte unser Leben keine Struktur, nichts wäre dringend, aber der Widerspruch zwischen unserem kontinuierlichen Bewusstsein und dem Wissen um unsere Sterblichkeit liefert die Spannung, aus der fantastische, faszinierende Geschichten über Ursprung und Bestimmung des Menschen entstehen, wie sie in allen Kulturen erzählt werden. Wir teilen moralische Instinkte und Geschichten, so wie wir Rezepte für Fischsuppe teilen.

Du fragst nach Hoffnung, und ich schreibe über Fischsuppe. Meine Gedanken mäandern durch die Nacht, vorbei an den grellen Lichtern auf den Bahnsteigen ins Dunkel. Warum ich dir keine einfache Antwort geben kann? Weil ich versprochen habe, dich ernst zu nehmen, und weil Hoffnung kompliziert wird, wenn man älter wird. Du bist jung, hast den Großteil deines Lebens vor dir. Alles ist noch zu tun, zu erreichen, zu erfahren, du hast große Pläne. Die Hoffnung fließt in deinen Adern, ein Geschenk der Natur. Deine Geschichten haben eine immense Kraft und Leichtigkeit, wurden noch nicht vom Leben überfallen, verwässert, gerüttelt, von all den kleinen Kompromissen und großen Rückschlägen und unverhofften Glücksfällen, in die man sich verstrickt, wenn man sein Leben lebt, in die auch du dich verstricken wirst. (Deswegen scheint es mir immer so lächerlich, dass Menschen, die es im Leben gut getroffen haben, allen Ernstes annehmen, dass sie all das durch harte Arbeit verdient haben, was ihnen zugefallen ist.)

Auch wenn die Welt voller Katastrophen und tödlicher

Gefahren ist: Es ist fast unmöglich, ganz ohne Hoffnung zu leben, wenn man noch am Anfang steht. Wenn du dir diese Energie bewahren willst, musst du anfangen, sie tiefer einzugraben, Wurzeln zu schlagen in einer größeren Geschichte, die helfen kann, dich zu tragen. Deswegen lade ich dich ein, mir auf meinen scheinbar verschlungenen Pfaden zu folgen, die sich durch die Nacht spannen. Reden wir also über Geschichten und über Glauben.

Der Bahnhof vor meinen Augen diktiert mir ein Bild, obwohl es mir eigentlich zu streng ist, zu stählern und unverrückbar: Geschichten legen sich über die Landschaft unseres Lebens wie ein Schienennetz, das uns erlaubt, schnell von A nach B zu kommen – wenn die Züge nicht gerade verspätet sind. Nur dass diese Pfade eben nicht aus blank polierten Schienen und geteerten Baumstämmen bestehen, sondern aus Worten, die so fragil sind wie Spinnweben. Unsere Geschichten legen sich über unsere Erfahrung, kartografieren die Welt für uns: Sie zeichnen unsichtbare Linien über unsere Realität, Zwecke und Ziele, Karrieren und Strategien, eine Art zu leben. Weil die Welt unendlich komplex ist, brauchen wir ausreichend einfache Modelle, die wir verstehen und die uns helfen können, in dieser Welt zu leben, mentale Landkarten, die uns zum Ziel führen.

Landkarten sind nur dann nützlich, wenn sie die Welt nicht so abbilden, wie sie ist. Was sonst geschehen würde, beschreibt der argentinische Autor Jorge Luis Borges in einer Kurzgeschichte, *Von der Strenge der Wissenschaft*. In einem alten Reich hatte die Kunst der Kartografie eine solche Vollkommenheit erreicht, dass die Hüter dieser Kunst schließlich eine Karte produzierten, »die genau die Größe des Reiches hatte und sich mit ihm an jedem Punkte deckte«.

Das aber lässt die Wissenschaft der Kartografie zusammenbrechen, denn sie hat sich selbst überflüssig gemacht: Die Welt selbst gibt es schließlich bereits vorher, die Karte ist als Kopie und Ersatz entlarvt. Das große Werk kommt deswegen zu einem unrühmlichen Ende:

> Die nachfolgenden Geschlechter, die dem Studium der Kartographie nicht mehr so ergeben waren, waren der Ansicht, diese ausgedehnte Karte sei unnütz, und überließen sie, nicht ohne Verstoß gegen die Pietät, den Unbilden der Sonne und der Winter. In den Wüsten des Westens überdauern zerstückelte Ruinen der Karte, behaust von Tieren und von Bettlern; im ganzen Land gibt es keine anderen Überreste der geographischen Lehrwissenschaften.

Eine Karte, die zu detailliert ist, zu gut und ihrer Sache zu sicher, muss bald veraltet sein, ein Objekt zweiter Klasse. Eine klug konzipierte Landkarte geht den entgegengesetzten Weg. Sie lässt aus, vereinfacht, schematisiert, verzerrt, um die Elemente zu betonen, die den Erwartungen der Benutzerinnen entsprechen und sie zu ihren vorgefassten Zielen führen, ohne der Komplexität in der Umgebung Aufmerksamkeit zu schenken und sich von ihr ablenken zu lassen. Frühe Menschen mussten in ihrer Umgebung effektiv sein, durch ihre Welt navigieren können, sowohl geografisch als auch spirituell. Jede Geschichte, die ihnen das erlaubte, war gut genug. Die »grand unified theory of everything«, nach der die moderne Physik sucht, war nie Teil des evolutionären Programms.

Solche Landkarten erlauben uns nicht nur, durch Straßen

und Kontinente zu navigieren, sondern auch durch die soziale, kulturelle, durch die Welt unserer Identität und unserer Erfahrungen. Sie verzeichnen Wege und Ziele. Manchmal verschmelzen Landkarten und Geschichten sogar. Die Aborigines in Australien orientieren sich in ihrer Landschaft mit ihren Songlines, den Wegen, entlang derer sie ihr Land erwandern können. Diese Wege sind Lieder und Mythen, die sie sich erzählen und singen und die das Land selbst, seine Geografie und seine Orientierungspunkte mit ihrer Geschichte und ihren Erzählungen verbinden. Ihrem Verständnis nach besteht das Land überhaupt nur, weil sie es durch ihren Gesang zum Leben erwecken, die vollkommene Verquickung zwischen Welt und Geschichte.

Wir bewegen uns durch unsere Landkarten, erzählen uns die Welt, in der wir leben, erzählen uns unsere Hoffnungen. Deswegen sind die kulturellen Geschichten, die wir uns erzählen und die uns Anleitung zum Leben und zum Handeln geben, einerseits alles, was wir jemals haben werden, um uns zurechtzufinden, andererseits aber auch alles, was wir brauchen. Deswegen ist es aber auch besonders wichtig, die Geschichten, in denen wir leben, unsere Software sozusagen, verstehen und analysieren zu lernen; verstehen zu lernen, was diese Instrumente mit uns tun, wie sie unsere Beziehung zur Welt strukturieren, was sie uns besser erkennen lassen und wo ihre blinden Flecken sind. Geschichten sind nicht egal, denn sie haben reale Auswirkungen, sie können morden oder Leben retten. Solange wir es schaffen, uns gute Geschichten zu erzählen, die es Menschen erlauben, friedlich in dieser Welt zu koexistieren, haben wir erreicht, was notwendig ist. Der Weg dorthin beginnt damit zu verstehen, wie Geschichten funktionieren und was unsere Geschichten mit uns machen, wie sie uns mit der Welt interagieren lassen.

Die Suche nach der absoluten Wahrheit können wir den Theologinnen überlassen. Weil wir die Welt immer nur durch unsere Sinne (und ihre technologische Erweiterung) wahrnehmen und durch eine bestimmte Sprache beschreiben können, wird unser Bild davon immer ein Spiegelbild unserer Wahrnehmung und unserer sprachlichen Ausdrucksmöglichkeiten sein. Wir leben durch Landkarten. Naturwissenschaften werden immer besser darin, immer komplexere Modelle der materiellen Wirklichkeit zu bauen, immer mehr Details und große Zusammenhänge zu denken und zu verknüpfen, aber auch diese Theorien werden immer Modelle sein, vereinfachte Versionen der Wirklichkeit, mentale Landkarten, die wir nutzen, um uns zurechtzufinden, weil sie die Welt nicht so darstellen, wie sie ist.

Dabei wird übrigens immer wieder deutlich, wie fragmentarisch dieses Verständnis noch ist. Allein das 2022 ins All geschickte James Webb Space Telescope hat mit seinen erstaunlichen Aufnahmen ferner Galaxien ganze kosmologische Theorien ins Wanken gebracht, weil das, was es beobachtet, schlicht nicht erklärbar ist, aber bessere Modelle werden es integrieren können – und dann irgendwann an ihre eigenen Grenzen stoßen. Künstliche Intelligenz wird sicher eine große Rolle darin spielen, noch mehr Dimensionen zu beschreiben, wohl auch deswegen, weil sie viel unabhängiger ist von menschlichen mentalen Mustern und Denkgewohnheiten und damit sicherlich besser geeignet, die nicht auf menschliche Kapazitäten dimensionierte Seltsamkeit und Fremdheit des Universums zu erfassen. AI sucht nicht nach bestimmten Mustern. Jedes Muster ist ihr recht. Auch die Geschichten, die AI generiert, werden anders sein.

Geschichten wollen, dass ich ihnen glaube, dass ich Anteil nehme. Ihr ganzes Handwerk besteht darin, die Fakten so zu umgarnen und auf die Bühne zu stellen, dass sie mich bewegen, dass sie in das Schema einer Heldengeschichte passen oder einer Tragödie oder eines Schelmenromans. Sie müssen in dieses Schema passen, weil du und ich dieses Schema gelernt haben, als kleine Kinder schon, durch unendlich viele Wiederholungen. Wir können es lesen, können die Geschichte entziffern, und so kann die Geschichte besser zu uns sprechen, uns tiefer berühren, effektiver manipulieren, je nachdem, wer der Erzähler ist. Es ist also wichtig zu sehen, wem du Glauben schenken willst, denn glauben musst du. Nur wem?

Hier berührt die Hoffnung den religiösen Glauben, denn wer hofft, muss an etwas glauben, was außerhalb des Erfahrungshorizonts liegt, was noch nicht sichtbar und berührbar ist, zumindest an die Möglichkeit, dass die eigenen Hoffnungen in Erfüllung gehen könnten, dass wir in einer Welt leben oder leben könnten, in der diese Hoffnungen eines Tages Wirklichkeit werden. Für religiöse Menschen beruht das auf einer offenbarten Wahrheit, über die man nicht diskutieren kann, aber auch Menschen ohne Religion sind darauf angewiesen, Dinge zu glauben. Das erfordert eine Art Vertrauen in Geschichten, in die Zeugenschaft anderer Menschen, in Erinnerung, in eine geteilte Wirklichkeit. Dieser Glaube also ist immer unsicher, aber erst, wenn ich auf dem Boden dieser geborgten Tatsachen stehe, auf dem Boden eines Glaubens an eine Version der Welt, kann ich mich selbst in die Zukunft projizieren.

Um es klarzustellen: Dieser Glaube muss nicht den Dogmen irgendeiner organisierten Religion folgen, aber er ist immer notwendigerweise unbewiesen und unbeweisbar. Woher weiß ich, dass es die Antarktis gibt? Weil ich Leuten glaube, die ich für verlässlich halte, genauso wie Landkarten und Bilder. Selbst nachsehen kann ich nur schwer – und sogar, wenn ich die Antarktis besuchen würde, könnte eine immense Kabale von Regierungen, Fluggesellschaften, Zollbeamten und Wissenschaftlerinnen, Kartografen und Schauspielern mich an einen ganz anderen eisigen Ort bringen und mir vorspielen, dies sei die Antarktis, und ich könnte es nie wirklich abschließend wissen, ob ich wirklich dort gewesen bin und ob es diesen Kontinent überhaupt gibt.

Letztlich muss ich daran glauben – weil es die einfachste Erklärung ist, dass all diese Menschen nicht lügen, nicht so viel Aufwand treiben und alle Karten fälschen würden, um ausgerechnet mich hinters Licht zu führen, dass wir gewissen Botschafterinnen eine gewisse Vertrauenswürdigkeit zuschreiben, auch wenn wir das nie letztendlich beweisen können, so wie ich auch daran glauben muss, dass mir mit ziemlich großer Wahrscheinlichkeit niemand völlig unmotiviert auf der Straße ein Messer in den Rücken rammen wird oder dass die Sonne auch morgen aufgeht oder dass es einmal einen Menschen namens Johann Sebastian Bach gegeben hat, dessen Musik mir noch dreihundert Jahre später Hoffnung gibt. So »weiß« ich also, dass es eine Antarktis gibt und dass dort der Eisschild abschmilzt.

Wir müssen also glauben. Wir müssen vertrauen, dass Vereinbarungen eingehalten werden und dass niemand einfach alle Mäntel an der Garderobe stiehlt, dass Menschen nicht nur faktisch, sondern auch sozial und emotional angemessen reagieren, dass dir niemand heimlich in die Suppe spuckt. Natürlich weiß ich, dass Menschen meistens aus Eigeninteresse handeln, aber es ist mir egal, ob du nicht stiehlst, weil es in der Bibel steht und du deshalb nicht sündigen willst, oder ob du es als moralisch falsch ansiehst oder ob du einfach keinen Ärger haben willst. Solange du es nicht tust und ich mich darauf verlassen kann, rechtfertigst du das Vertrauen der anderen und damit auch dein Vertrauen in sie.

Wir glauben an die Welt, aneinander. An unsere guten Absichten oder zumindest daran, dass wir einander schon aus Eigeninteresse nicht grundlos schaden, angreifen, belügen oder bestehlen würden. An Fakten und an Visionen. Wir müssen aber nicht jeden Mist glauben. Es ist möglich, das Glauben zu disziplinieren und weniger dumm zu machen, weniger reflexhaft, weniger den eigenen Vorurteilen und dem gängigen Stammesdenken entsprechend. Wir können das Hörensagen mit anderen Geschichten konfrontieren, mit Zeugenschaft und wissenschaftlichen Beweisen, mit Widerspruch und Isotopen-Tests. Bildung kann unseren Glauben klüger machen.

An Dinge zu glauben, die wir nicht aus eigener Erfahrung kennen und uns das Wissen anderer so abstrakt nutzbar zu machen, ist ein entscheidender evolutionärer Vorteil des Menschen anderen Tieren gegenüber. Du hast eine komplexe Wirklichkeit im Kopf, die sich weit über das hinaus erstreckt, was du tatsächlich gesehen hast. Alles andere besteht aus Geschichten und Karten, denen du mehr oder weniger Glauben schenkst. Du weißt von anderen Kontinenten und Sonnensystemen, von Superman und Atomen und noch nie kontaktierten Völkern im Amazonas und den Irrfahrten des Odysseus. Du weißt auch, dass Australien auf eine andere Weise ein Teil dieser Wirklichkeit ist als Superman, auch wenn du noch keinen von beiden mit eigenen Augen gesehen hast, denn das eine ist ein Kontinent, der auch dann besteht, wenn niemand an ihn glaubt oder ihn jemals gesehen hat, während Superman nur deswegen besteht, weil Menschen über ihn sprechen, ihn zeichnen, von ihm lesen und Filme über ihn machen.

Um in einer menschlichen Welt zu leben, ist es unerlässlich, bestimmten Geschichten Glauben zu schenken, denn dadurch entsteht die mentale Landkarte, die dir erlaubt, durch dein Leben zu navigieren und auch in Gegenden vorzustoßen, die du selbst noch nicht kartografiert hast. Aber dieser Glaube an Geschichten, die wir in unsere mentale Landkarte integrieren, ist nicht nur ein Instrument, er ist auch eine Energie. Wir wollen Teil einer großen Geschichte sein, an die wir glauben können, und zwar mit einer geradezu erotischen Intensität, unser Bedürfnis nach Sinn ist überwältigend.

Wir treffen einige der – wenn nicht alle – wichtigsten Entscheidungen in unserem Leben nicht nach rationaler Abwägung aller Faktoren, sondern nach antrainierten Mustern, die wir in den Geschichten ausfindig machen, in die wir involviert sind. Leider können Geschichten tödlich und mörderisch sein. Besonders Utopien und Religionen, Visionen des absoluten menschlichen Glücks und der vollkommenen Gerechtigkeit, haben breite Blutspuren durch die Geschichte gezogen.

Was und wem Menschen glauben, kann über Leben oder Tod entscheiden. Vor vierhundert Jahren, im Dreißigjährigen Krieg und während der vorangegangenen fürchterlichen religiös motivierten Blutbäder (also vor etwa fünfzehn Generationen), brachten Menschen in Europa einander millionenfach um und waren bereit, in den Tod zu gehen – wegen eines Streites um die Frage, ob die Hostie (das Stück Brot, das während einer Messe von den Gläubigen gegessen wird) nur an Christi Leib erinnert oder ob sie sich buchstäblich durch die Messe in seinen Leib verwandelt hat. Eine falsche Meinung zu dieser Frage konnte ausreichen, um Menschen auf dem Scheiterhaufen zu verbrennen.

Heute kann man sich nicht mehr vorstellen, dass man wegen einer solchen Frage einen Menschen tötet, aber wie Yuval Noah Harari ganz richtig bemerkt hat, ging es auch im langen und blutigen Streit zwischen dem Staat Israel und den Palästinensern ursprünglich darum, wem der Fels im Felsendom, der den Juden genauso wie den Moslems heilig ist, wirklich gehört. Nicht, dass es zu wenige Felsen gäbe in dieser Gegend, aber gerade mit diesem einen verbinden sich verschiedene und unvereinbare Geschichten, die seit Jahrhunderten Gewalt und Kriegsverbrechen provozieren.

Wir sind nicht rationaler oder klüger als die Menschen in der Zeit der Religionskriege, unsere Närrischkeit ist nur anders gestrickt und deswegen weniger sichtbar für uns. Wir verfügen über deutlich mehr Faktenwissen und bessere wissenschaftliche Modelle, um die natürliche Welt zu beschreiben, als vorige Generationen, aber dieses Faktenwissen scheint uns eher lästig zu sein, denn es ist weniger angenehm und schränkt uns viel mehr ein als unser Wille, an etwas Tröstliches zu glauben, unsere Sehnsucht nach Sinn zu befriedigen. Natürlich glauben auch wir Dinge, die so absurd sind, wie der Hostienstreit es gewesen ist. Wir denken zum Beispiel, dass wir grundsätzlich anders sind als andere Tiere: der Mensch und die Tiere. Wir glauben, unser

Reichtum könnte ewig wachsen, unabhängig von planetaren Grenzen. Wir glauben, dass wir die Natur beherrschen können. Wir glauben, dass es etwas mit Gerechtigkeit zu tun hat, Menschen jahrelang allein in enge Zellen einzuschließen; wir glauben, es sei in Ordnung, Tiere in Tierfabriken zu züchten und dann an andere Tiere, unsere geliebten Haustiere, zu verfüttern; wir glauben an den Fortschritt; wir glauben, dass wir Berge bezwingen und Planeten entdecken.

Wir glauben alles Mögliche, das wir nicht überprüfen und beweisen können, und wenn wir wirklich analytisch darüber nachdenken (was David Hume uns vor zweieinhalb Jahrhunderten schon abgenommen hat), kommen wir bald zu dem Schluss, dass wir kaum etwas wirklich beweisen können, mit der Macht und Unfehlbarkeit der Logik, sondern dass unsere Überzeugungen über die Welt, über die Dinge und die Naturgesetze und unseren Platz darin nur ein Resultat von Erfahrung sind, von Gewohnheit, von den Überzeugungen und Haltungen, mit denen wir aufwachsen.

Wir glauben alltägliche Dinge und Fakten, nicht weil wir sie über jeden vernünftigen Zweifel hinaus selbst bewiesen haben, sondern weil wir sie aus »verlässlicher Quelle« gehört haben, von einem Menschen, dessen Meinungen oder Wissen wir respektieren, von einer Institution, die für hohe Standards bekannt ist, einem Medium, das unser Vertrauen genießt – oder weil es sich ganz einfach gut anfühlt. Wir leben aus den Vorurteilen unserer Herkunft und unserer Generation heraus und richten es uns in ihnen heimelig ein oder kämpfen ein Leben lang gegen sie an. Wir glauben an so vieles, das absurd ist. Wir haben keine andere Wahl, denn hinter dem ersten Absurden, gegen das wir kämpfen und rebellieren und das wir endlich besiegen, steht noch eine Absurdität und dann noch eine, denn unsere Gesellschaft (jede Gesellschaft) umgibt sich mit Absurditäten wie mit Zwiebelschalen.

Aus den Zwiebelschalen werden immer mehr hermetisch geschlossene Sphären oder Blasen. Was Menschen glauben und wem sie ihr Vertrauen schenken, hat sich in den letzten Jahren besonders durch die sozialen Medien enorm geändert. Wir können uns jetzt viel leichter in eine gefilterte Realität zurückziehen, wo nur das an uns herandringt, was unsere Meinungen bestätigt und intensiviert. Menschen tendieren dazu, sich in engere Meinungskreise einzuschließen und abweichende Meinungen nicht als mögliche andere Perspektiven, sondern als moralisch minderwertig zu betrachten. Wenn du nicht meiner Meinung über Migration oder Abtreibung oder Gender bist, dann bist du ein Gegner, dann ist mit dir nicht mehr zu reden, und in meiner digitalen Welt in der Hosentasche muss ich das auch nicht. Deine Existenz wird zum bloßen Ärgernis, zum nützlichen Feindbild, an dem ich mich abreagieren kann.

Was wir glauben können, wird sich in den nächsten Jahren auch durch künstliche Intelligenz noch weiter auflösen und noch weniger verlässlich werden. Deep Fakes werden ganz andere Realitäten aufbauen, und es wird beinahe unmöglich werden zu wissen, welcher Nachricht und welchem Botschafter, welchem Bild und welcher Stimme du noch vertrauen kannst. Vertrauen jedoch ist die Grundwährung jeder Gesellschaft, jedes Marktplatzes und jedes Justizsystems, jeder Regierung und jeder persönlichen Begegnung und jedes Gesprächs.

Du siehst, wo das alles hinführt: Ich frage mich, ob es nicht schwieriger ist zu hoffen, wenn das Vertrauen zwischen Menschen zerrüttet ist, wenn sie nicht wissen, wem sie wann vertrauen können, woran und wem sie glauben sollen und wie sie sich selbst beschreiben sollen, wenn ihre Erinnerung zu widersprüchlich geworden ist.

Und nein, dies ist nicht einmal im Ansatz ein Plädoyer für irgendeine gute alte Zeit, in der alles besser war, in der man seine Haustür nicht abschließen musste, weil die Leute noch anständig waren und jeder jeden kannte. Nostalgie interessiert mich nicht. Was mich interessiert, ist Veränderung und was sie bewirkt, was sie mit uns tut. Wenn wir über Hoffnung sprechen, müssen wir auch darüber sprechen, wie sie in einem immer stärker technologisierten Lebensalltag möglich ist. Es ist komplizierter geworden, der Welt Glauben zu schenken, und damit auch, der stürmischen Zukunft mit Glauben an die eigene Geschichte, mit Selbstbewusstsein entgegenzusehen.

Die Zukunft ist unsere größte gemeinsam erlittene Katastrophe. Wenn es in Filmen, Romanen oder Videospielen um die Zukunft geht, dann wird fast immer eine Dystopie mit abgefackelten Wänden oder versunkenen Städten, postnuklearen Wüsten oder zerstörter Schönheit inszeniert, wenn es überhaupt noch Leben gibt, nachdem eine künstliche Intelligenz die Herrschaft übernommen hat. Vorsicht vor allem vor der heilen Welt, denn jedes Idyll entpuppt sich ab Minute sieben unweigerlich als Leben in einem kannibalischen Albtraum.

In der westlichen Welt sind wir an einem seltsamen Punkt angekommen. Wir trauen uns keine Zukunft mehr zu. Wir glauben nicht mehr ernsthaft, dass wir noch ein Projekt haben. Wir beneiden die Vergangenheit um ihr grenzenloses Selbstvertrauen, unsere Vorfahren um ihren unerschütterlichen Glauben, aber wir haben verworfen, woran sie geglaubt haben.

Wir konservieren die kulturellen Zeugnisse vergangener Zeiten, während wir gleichzeitig die Natur in einem noch nie dagewesenen Ausmaß vernichten. Wir konservieren Abermillionen von Kunstwerken und archivieren sie in Depots mit streng geregelter Temperatur und Luftfeuchtigkeit, haben aber immer weniger emotionale Verbindung zur Kunst unserer eigenen Zeit und immer weniger Verständnis für die Welt, aus der all diese aufwendig konservierten Objekte kommen. Wir huldigen den Genies der Vergangenheit in Museen und Ausstellungen, auch wenn uns ihr Weltbild fremd ist. Wir fühlen uns früheren Epochen gegenüber moralisch überlegen, schöpferisch aber hoffnungslos im Hintertreffen, nörgelnde Zwerge, die auf den Schultern von Riesen stehen.

Warum hat man nicht schon früher so viel aufgehoben? Die Leute hatten einfach weniger Geld und andere Probleme. Aber das reicht nicht aus als Erklärung. Museen entstehen erst im 18. Jahrhundert, im 19. Jahrhundert bricht eine regelrechte enzyklopädische Sammelwut aus.

Ein wohlhabender Mensch im 17. Jahrhundert wäre nicht im Traum auf die Idee gekommen, sich mit alten Möbeln oder anderen Dingen zu umgeben, und noch im späten 18. Jahrhundert war die meiste Musik, die in Europa gespielt wurde, neu. Für Mozart war alte Musik die Musik der vergangenen Saison, die kein Mensch mehr spielte.

Warum also beginnt eine Kultur, sich zu musealisieren, aufzubewahren, in säurefreiem Karton? Hier meine Vermutung: Die Menschen in Gesellschaften mit starken gemeinsamen Geschichten wussten, dass sie Teil einer lebenden, sich entwickelnden Kultur waren, eines Zusammenhangs durch die Zeit. Deswegen war es normal, dass eine Kirche, wenn jemand ihr Geld gab, jahrhundertealte Statuen abhackte und Fresken übertünchte, um neue Dekorationen anzubringen und andere Figuren aufzustellen; nicht weil der Glaube ein anderer war, sondern weil man nie auf die Idee gekommen wäre, etwas Altes zu bewahren, nur weil es alt ist. Die Geschichte der eigenen Kultur ging schließlich weiter und wandelte immer wieder ihre Form.

Erst als die Industrialisierung vor 250 Jahren ganze Gesellschaften umpflügte, wurde die Vergangenheit zu etwas, das bewahrt werden musste, ein Sehnsuchtsort für gestresste Stadtmenschen. Wenn unsere Vorfahren mit ähnlicher Leidenschaft alles erhalten, restauriert, konserviert, geschützt hätten, wie wir das tun, würden wir heute verrückt werden. Ja, das ist sehr missverständlich, und ja, ich liebe diese alten Stücke, aber die Liebe, die unsere sogenannte Hochkultur für die Vergangenheit pflegt, hat etwas ausgesprochen Fetischistisches, und das sagt etwas über uns. Wenn eine Gesellschaft sich nicht mehr zutraut, noch eine lebendige Kultur der Gegenwart zu schaffen und eine lebende Kultur fortzusetzen, sondern ihre Vergangenheit nur noch archiviert und konserviert wie tote Käfer und Schmetterlinge, wie kann sie dann hoffnungsvoll in ihre eigene Zukunft sehen? Woraus soll diese Zukunft bestehen? Was sagt es über diese Kultur, wenn sie sich nicht mehr zutraut, darüber zu urteilen, was es wert ist, aufbewahrt zu werden und was nicht?

Und dann kommt der Kontrast: Die Alltagskultur und die Medien reduzieren die Erzählungen der Geschichte auf ein Minimum an konsumierbaren Stoffen. In britischen Buchgeschäften besteht die deutsche Geschichte zu zwei Dritteln aus Hitler und den Nazis, weil sich das immer verkauft. Die Vergangenheit auf ihre wiedererkennbarsten Momente zusammengeschnurrt, auf Filmstoffe und alte Vorurteile, eine Geschichte, die von heute aus erfunden wird, um zu rechtfertigen, wer wir heute sind, wer unsere Feinde sind, warum wir uns da befinden und nicht woanders – und damit wir uns einkaufen können in eine Geschichte, eine Identität, einen Verbraucherinnen-Stamm, der unseren Narzissmus in Produkte übersetzt.

Kein Zufall also, dass die Hoffnung vertrocknet. Die Zukunft wird zum Ort der Angst und die Vergangenheit zum Themenpark. Hoffnung aber braucht Erinnerung, die Perspektive schafft, ein Vorher und Nachher, einen Horizont von Leiden und Freuden und ihren Ursprüngen und Geschichten, und damit auch eine Zukunft, in die ich mich hineindenken kann, die ich mir wünschen kann.

Hoffnung braucht Erinnerung – aber haben Menschen nicht gerade in der Zeit der Aufklärung und der Industrialisierung, als die Philosophen und die Wissenschaftler in die Zukunft blickten und die Vergangenheit verachteten, mit enormen Hoffnungen gelebt, obwohl (und vielleicht weil) sie laut Nietzsche dabei waren, Gott zu ermorden?

Ja, das haben sie. Die Hoffnungen der aufgeklärten, humanistischen und emanzipatorisch gesonnenen Menschen der letzten dreihundert Jahre waren immens und konnten durch keine Katastrophe vernichtet werden. Aber diese Menschen verstanden sich als Teil eines historischen Projekts, an das sie glauben konnten, eines Projekts, das größer war als alle Rückschläge, die es erleiden konnte. Der Grund ihrer Hoffnung war ihnen sicher, denn sie sahen sich als Kämpfer in einem Kampf, der sich über Generationen hinzieht und der für ewige Wahrheiten eintritt.

Das markiert noch einen Unterschied zu heute. Die Erinnerung und die Geschichte haben sich verändert. Sie sind kontaminiert, zweideutig geworden, schwer zu verstehen, geschweige denn zu benutzen, historischer Sondermüll, Problemstoffe der Vergangenheit, die entsorgt werden müssen. Die Geschichte der Aufklärung, der Gleichheit, der Freiheit, der Wissenschaft ist gleichzeitig auch die Geschichte der Sklaverei, des Imperialismus, des Massenmords, der Diktaturen, des Rassismus, der Konzentrationslager, der Zerstörung der Natur. Man kann das eine nicht vom anderen trennen, es ist immer beides wahr.

Das heißt aber auch: Die Erinnerung, auf der unsere Hoffnung stehen sollte, ist beschädigt. Wir sind nicht mehr die Avantgarde eines edlen Kampfes für Fortschritt und Menschheit, sondern die Erben zweifelhafter Privilegien. Unsere Prinzipien sind nicht mehr universell, sondern herrschaftlich und heuchlerisch, unser immenser wirtschaftlicher Erfolg nicht nur auf koloniale Unterdrückung gebaut, sondern auch heute eine Art kollektiver Selbstmord durch Zerstörung der natürlichen Umgebung, durch die wir überhaupt leben können.

Alles, worauf die vorigen Generationen ihre Hoffnungen begründet haben, stellt sich als morsch heraus, wenn nicht als erstunken und erlogen. Da scheint es nur logisch, dass Identitäten politisch so umkämpft sind, denn wenn die bequemen Mythen der industrialisierten, reichen Welt erodieren, dann kollabiert die Identität der Menschen, die ihr ganzes Leben, ihre Arbeit, ihren Verzicht, ihren Glauben und ihre Scham in dieses System investiert haben und die nicht gerade darauf warten, dass jetzt jemand kommt und ihnen sagt, sie hätten für nichts geschuftet, für eine böswillige Illusion. So geht es Gesellschaften, die aus einer Diktatur kommen und die am nächsten Tag damit anfangen müssen, die Welt und ihre eigene Verstrickung darin in einem ganz neuen Licht zu sehen.

Wir leben in Gesellschaften, deren Erinnerung beschädigt und deren Identitäten umkämpft sind, die noch nicht wieder zu einem neuen Selbstverständnis gefunden haben und denen außerdem die Frage nach der eigenen Identität ständig aufs Neue gestellt wird, durch Migration und globalisierte Wirtschaft, Pandemien, Kulturkämpfe und bröckelnde Demokratien. »Von der Vergangenheit loszubrechen, ist eine sehr ambivalente Erfahrung«, sagt Pankaj Mishra, der aus Indien stammt und dort als Kind und junger Mann die Säkularisierung beobachtet hat. »Du kriegst deine Befreiung, aber du wirst in ein Vakuum entlassen, ein moralisches Vakuum, ein intellektuelles Vakuum, ein spirituelles Vakuum.« Wer sind wir? Was machen wir hier eigentlich? Haben wir überhaupt eine Zukunft, in der wir gut leben können?

Wie aber soll man diese Fragen beantworten, wenn es keine mehr oder weniger verlässliche, mehr oder weniger geteilte Erinnerung mehr gibt, wenn Erinnerungen von einer Generation zur nächsten und manchmal von einem Jahrzehnt zum nächsten völlig neu interpretiert werden und es schon bald niemand mehr merkt?

In einer Welt ohne Erinnerung kann die Hoffnung leicht zum Spielball unterschiedlicher Interessen werden. Was hat sie schon zu sagen? Sie kennt schließlich nichts als das, was noch nicht ist.

Die Erinnerung, die Geschichte gibt die Antwort darauf. Du bist hier und kannst dein Leben gestalten, weil Menschen vor dir gelebt haben, deren Namen du nie erfahren wirst und die in der Anonymität der Vergangenheit verschwunden sind, die gekämpft haben, weil sie auf das Unmögliche gehofft und versucht haben, es zu erreichen, die gescheitert sind und nicht aufgegeben haben, deren Arbeit andere fortgesetzt haben, obwohl die Situation aussichtslos schien – und deren Hoffnung sich irgendwann doch erfüllt hat, auch wenn sie es nicht mehr selbst erleben konnten. Nicht all ihre Geschichten sind dokumentiert, aber es gibt genug, um zu wissen, wie hart der Kampf war, wie aussichtslos er schien, wie unüberwindbar der Widerstand. Es ist wichtig, sogar lebenswichtig, das zu wissen, denn nur die Verankerung in einer Geschichte erlaubt dir auch, sie weiterzuspinnen.

Durch den zähen und oft scheinbar aussichtslosen Kampf von unzähligen Menschen, deren Namen nicht überliefert sind, wurde die Sklaverei abgeschafft, wurden Demokratie, Menschenrechte und das Recht auf Bildung durchgesetzt, kurz: Es wurden Dinge erreicht, die lange unerreichbar schienen, erst recht für die Spanne eines einzigen Lebens. Aber genau so, wie du auf den Schultern einer riesigen, unsichtbaren Gemeinschaft stehst, kannst du auch andere Menschen in der Zukunft tragen, auch wenn du nie davon erfährst, dass dein Einsatz für irgendjemanden wichtig gewesen ist oder irgendwann einmal für jemanden wichtig sein wird.

Deshalb ist Hoffnung ohne Erinnerung schwach. Ohne

Perspektive auf dein eigenes Leben, ohne eine Möglichkeit zu sehen, wie sich die Dinge verändert haben und wie sie sich verändern können, ohne die Erfahrung, dass die Welt so, wie sie heute ist, weder notwendig noch unausweichlich so geworden ist, sondern genauso zufällig und absurd wie zu anderen Zeiten – ohne diese Perspektive versinkst du schon deswegen in Verzweiflung, weil ein Leben ohne eine Geschichte, die in die Vergangenheit zurückführt, auch keine Möglichkeit bietet, sich eine Zukunft vorzustellen. Du musst verstehen, wo du herkommst, wo andere herkommen und was diese Geschichten miteinander verbinden kann. Rebecca Solnit schreibt: »Amnesie führt auf viele Weisen in die Verzweiflung. Der Status quo will dich glauben machen, dass er unbeweglich, unausweichlich und unverletzbar ist, und eine fehlende Erinnerung an eine sich dynamisch verändernde Welt verstärkt diese Sicht. In anderen Worten, wenn du nicht weißt, wie sehr sich die Dinge verändert haben, siehst du nicht, dass sie sich verändern oder sich verändern können.«

Das ist keine neue Einsicht. Jeder Versuch, eine Kultur zu unterwerfen und zu unterwandern, beginnt damit, ihre Erinnerung zu zerstören, ihre Kunstwerke, ihre Archive, ihr Gedächtnis, ihre Bibliotheken, die Hüter ihrer Geschichten. Herrscher, die ihre unterworfenen und versklavten Untertanen gefügig und passiv halten wollten, haben das schon immer praktiziert, für unzählige indigene Kulturen bedeutete das den Untergang. Heute werden in der Ukraine Kunstwerke gestohlen und Museen und Theater zerstört, und die Identitäten von Gruppen wie den Rohingya in Myanmar und den Uiguren in China werden systematisch vernichtet. Die Insassen von Straflagern haben nur Nummern und keine Namen, Familien oder Biografien. Auf den Plantagen der Südstaaten wurden versklavte Frauen, die Kinder bekamen (oft weil ihr »Eigentümer« oder einer seiner Söhne sie vergewaltigt hatte), nach der Geburt an andere Sklavenhalter weit weg vermietet oder verkauft, um die Verbindung mit ihrem Kind zu zerstören und so keine Erinnerung und keine Identität entstehen zu lassen.

Auch wer ihr Vater war, durften diese Kinder nicht wissen, wie der ehemalige Sklave und spätere Autor und Aktivist Frederick Douglass aus eigener Erfahrung sehr bewegend schreibt. Er wusste sein Geburtsdatum nicht, konnte sich nur vage an seine Mutter erinnern, die eine ganze Nacht zu Fuß gegangen war, um ihren Sohn einen Moment in den Armen zu halten, bevor sie am Morgen wieder arbeiten musste. So hatten die Versklavten keine Geschichte, keine Familie, keine Herkunft, sie waren nur Sklaven. Menschen ohne persönliche Spuren, ohne kollektive Erinnerung lassen sich besser manipulieren und kontrollieren. In so einer Situation ist es fast unmöglich zu hoffen, weil das gegenwärtige eigene Elend nicht mit irgendetwas anderem verglichen werden kann, auf das sich eine Perspektive richten könnte.

Wir sollten nicht vergessen, wie hart der Kampf um die Abschaffung der Sklaverei geführt wurde und welche Argumente ihre Befürworter ins Feld führten: Nicht nur hatten sie Wissenschaftler auf ihrer Seite, die »Beweise« dafür lieferten, dass Afrikaner:innen minderwertig seien und gar nicht dazu fähig, ein eigenes Leben zu leben, Theologen, die aus der Bibel herleiteten, dass die Sklaverei nach Gottes Willen sei, und Politiker, die ihren Einfluss für sie nutzten: Gerade in den Südstaaten der USA, auf den Inseln der Karibik und in Südamerika war Sklaverei ganz einfach die wichtigste Säule der Wirtschaft, denn ohne Sklaven gab es auch keinen Zucker, keinen Kaffee, keine Baumwolle, keine Exporte, keine Steuern, keine christliche Zivilisation. Sklaverei war eine bedauerliche Notwendigkeit, argumentierten ihre Unterstützer, die sehr viel Geld an diesem bestialischen System verdienten, es war völlig unmöglich und ruinös, sie abzuschaffen, wer das versuchte, war ein Feind der Wirtschaft und der Gesellschaft.

Kommen dir solche Argumente bekannt vor? Wird nicht auch heute immer wieder behauptet, die Ausbeutung von Menschen und Tieren, der Natur überhaupt, sei nun einmal notwendig, es gebe dazu keine Alternative? Solche Behauptungen wurden und werden immer wieder in die Welt gesetzt, um den Status quo zu sichern, und genauso regelmäßig von der Wirklichkeit widerlegt. Erst wenn du erkannt hast, dass es sich hier um Ausreden handelt, kannst du darauf hoffen, dass eine andere und bessere Art zu leben möglich ist und dass es sich lohnt, dafür zu kämpfen, unabhängig davon, ob dieses Ziel für dich und deine Generation erreichbar ist oder nicht. Auch wenn es in der Ferne bleiben sollte: Das Leben, das du auf dem Weg dorthin führst, ist ein anderes, reicheres, hoffnungsvolleres, als es sonst gewesen wäre.

Unsere Geschichten sind kurzatmiger und kurzsichtiger geworden und schwerer zu glauben, weil sie nicht mehr mit der Autorität der Offenbarung daherkommen. Sie liefern uns keine umfassende Perspektive auf die Gegenwart – eine Gegenwart, die sich noch dazu so rasend schnell verwandelt, dass uns die Zeit fehlt, eine solche Perspektive überhaupt aufzubauen.

Ist all dies eine kapitalistische Verschwörung, um uns gefügig und hörig zu halten? Das ist gar nicht nötig. Es ergibt sich aus der Logik der Ökonomie, Geschichten auszuwählen und so zu verändern, sodass sie besser verkäuflich sind und genau das erzählen, was die Menschen hören und wofür sie Geld ausgeben wollen.

Dafür braucht es keine dunklen Machenschaften, das ist einfach good business. Leider aber raubt diese Art von gefügigen Geschichten dem Erzählen seine transformative Kraft, dich durch Geschichten mit tiefen Ängsten zu konfrontieren und wieder herauszuführen, in einer Sprache, die über Generationen gewachsen ist und eine kollektive Erinnerung aufbewahrt.

Und wieder lauern hier Missverständnisse. Wenn ich von einer Sprache rede, die über Generationen gewachsen ist, dann behaupte ich nicht, dass es in sich geschlossene historische Völker gibt, die sich unabhängig voneinander entwickeln und die eine magische Authentizität bewahren, ganz im Gegenteil.

Die historische Erfahrung, aus der eine Sprache wächst und aus der Geschichten wachsen, ist seit unserer Begegnung mit den Neandertalern eine Erfahrung der Paarung und Wanderung, des Stehlens und Ausborgens, des Austauschs und der Eroberung, der Liebe und der Vergewaltigung, der Missionierung und des Widerstands, der Vermischung von Techniken und Materialien, Ideen und Mythen, Rezepten und DNA. Kulturelle Aneignung ist kein Verbrechen gegen andere Identitäten, sondern das Prinzip, das Kultur erst möglich macht.

Es gibt nichts Reines in der Geschichte, sehr wohl aber etwas Spezifisches, einen besonderen Geschmack, den das Leben zu einem bestimmten Zeitpunkt, an einem bestimmten Ort, in einer Sprache und einer Geschichte annimmt, ein unverwechselbares Aroma, eine existenzielle Schattierung.

Dieses Spezifische ist wichtig, weil du es körperlich bewohnen kannst. Es ist deine Wirklichkeit, die Straßen, auf denen du gehst, das Licht, die Farbe der Blätter in dieser Jahreszeit, die Art, wie die Menschen um dich herum ihre Schultern halten, der Geruch im Stiegenhaus. Es ist dein eigenes konkretes Leben. Plastik-Geschichten sind nicht an dich gerichtet, sondern an ein Alterssegment einer demografischen Gruppe mit bestimmten Einkommenspotenzialen, sozialen Markern und Verbraucherprofilen. Auch diese Geschichten schreiben sich in dein Leben ein, aber sie transportieren eine andere Haltung zur Welt, schaffen andere Wahrnehmungen und andere Erwartungen, weil sie von anderen Interessen diktiert wurden, eine bereinigte, sterilisierte, pastellfarbene Welt, auf maximales Gewinnpotenzial gebürstet.

Wir aber brauchen Geschichten, die ihre Funktion erfüllen können. Wenn Geschichten wirklich auf die Absurdität unseres Erlebens antworten, Rettungsringe im Ozean der Sinnlosigkeit, dann brauchen wir Erzählungen, die ihn vermessen können, die seine Stürme und seine Tiefen ausloten und uns einen sicheren Hafen weisen können. Diese Verbindung zu unserer Wirklichkeit bekommen Geschichten, wenn sie unsere spezifischen Erfahrungen reflektieren, wenn sie zu uns persönlich sprechen können. Eine Geschichte, die aus kommerziellen Motiven umgearbeitet wird, kappt deiner Hoffnung die Flügel. Erst wenn die Erinnerung ihren inneren Punkt entdeckt, ihre Widerhaken in der Gegenwart eingräbt und Geschichten entstehen, die unsere Sehnsucht nach Sinn mit spezifischen historischen Erfahrungen verbinden, wird die Hoffnung stark.

Unsere Hoffnungen und die Geschichten, die sie uns erzählen, entstehen aus der immer komplizierten Beziehung zwischen historischen Ereignissen und kulturellem Gedächtnis, zwischen Mythen, die in einer gewissen Weltgegend herumschwappen und von ganz unterschiedlichen Kulturen recycelt und den eigenen Bedürfnissen angepasst werden, und konkreten historischen Traumata, die in Geschichten verarbeitet und mündlich weitergegeben wurden.

Wenn uns aber eine starke Erzählung (die Religion) abhandengekommen ist, wie sollten wir diese Leere dann füllen? Welche Geschichte kann die Religion so ersetzen, dass sie Menschen Sinn und Orientierung gibt?

Ich glaube, diese Frage ist falsch gestellt. Es ist unmöglich, die Macht einer religiösen Erzählung durch irgendeine andere Geschichte zu ersetzen. Es ist auch gar nicht wünschenswert. Hier hilft ein Blick in die Geschichte, der zeigt, dass keine dieser Ersatzgeschichten sich lange bewährt hat. Die Denker der Aufklärung haben schon im 18. Jahrhundert versucht, das Christentum durch eine Religion der Vernunft zu ersetzen, später diente der Humanismus als Lückenfüller, aber er hatte nicht die Autorität einer Erzählung, die Gott selbst geschrieben hat und über die er mit Blitz und Donner wacht. Wir können die Abwesenheit einer starken Geschichte nicht irgendwie überkleistern oder sonst wie ungeschehen machen und durch eine andere ersetzen. Wir haben diese Geschichte verloren, Gott ist tot, wie Nietzsche schrieb, Gott bleibt tot. Und wir haben ihn getötet.

Nein, nicht die Geschichte selbst und ihr Ursprung im Jenseits ist der Punkt, an dem du ansetzen musst. Es ist unser unstillbares Bedürfnis nach Geschichten, unsere ewige Sehnsucht nach Sinn, nach einer großen Erzählung, an die wir glauben können, mit der wir uns identifizieren, in der wir selbst einen Ort und eine Rolle haben.

Vielleicht können wir keine Erzählung mehr finden, die jene Lücke füllen könnte, die von der Religion hinterlassen wurde, aber wir können lernen, unsere Sehnsucht nach Sinn so zu nutzen, dass sie zu einer Kraft der Veränderung werden kann. Am Ende werden wir alle sterben, aber in der Zwischenzeit erleben wir die Freude des bloßen Lebens, fühlen sie mit unserem eigenen Körper und können uns als Teil einer größeren Geschichte verstehen.

EIN LANGER ATEM

Es ist zu warm für diese Jahreszeit, der Frühling ist einen Monat weiter als gewohnt. Draußen weht ein unheimlicher Wind. Die Böen reißen an den alten Fenstern, die Scheiben klirren in ihren eingetrockneten Holzrahmen, von denen die Farbe abblättert wie alte Haut. Ich bin zu Hause, habe eine Reise abgesagt.

Der Grund war ein Brief. Ich hätte ihn fast übersehen in einem Stapel von Werbung und Rechnungen, aber es war gut, dass er mir dann doch auffiel, denn es war ein medizinischer Befund. Zwei Wochen vorher hatte eine Ärztin mir eine Warze am Bein entfernt. Der Befund beschrieb in umständlicher, halb lateinischer Medizinersprache die Beschaffenheit der analysierten Hautprobe und kam zu der Schlussfolgerung, dass es eine »lentilla maligna«, ein kleiner bösartiger Tumor gewesen sei und dass eine »konservative Resektion« notwendig wäre.

Also habe ich meine Reise abgesagt und liege jetzt auf dem Bett und höre dem Wind zu, nachdem meine Ärztin mir zum zweiten Mal mit dem Skalpell zu Leibe gerückt ist. Eine absurde Szene. Ich liege in Boxershorts auf der Seite auf ihrem Behandlungstisch und unterhalte mich angeregt über ihren Hund, den sie über alles liebt. Ich will, dass sie weiterredet, stelle dumme Fragen. Jetzt nur keine Stille. Währenddessen schneidet und näht sie an meinem betäubten Bein. Sie arbeitet in einer kleinen Praxis in einem Hochhaus, eigentlich eine Wohnung. Das Gebäude nebenan, ein großer

Kasten aus dem späten 19. Jahrhundert mit Säulen und Ornamenten und abbröckelndem Verputz, steht leer. Die Fenster sind blind von Staub, die Räume dahinter liegen im Dunkeln. Früher war hier eine Klinik untergebracht. Eine Tafel an der schmutzigen Fassade erinnert daran, dass Gustav Mahler hinter einem dieser Fenster gestorben ist. Auch er hat viel gegen Verzweiflung und um so etwas wie Hoffnung gekämpft. Für das monumentale Ende seiner 2. Symphonie wählte er einen Text von Nietzsche (einem anderen großen hoffnungsvollen Verzweifler) aus: »Sterben werd' ich, um zu leben! / Aufersteh'n, ja aufersteh'n wirst du, / Mein Herz.«

Aufersteh'n.

Ja, du hast recht, ich denke zu oft ans Sterben. Aber die kleine Prozedur an meinem Bein, die eigentlich ganz trivial war und nach der ich als geheilt nach Hause geschickt wurde, hat böse Erinnerungen geweckt an einen Moment, an dem ich fünf Ärzten gegenübersaß, die mir sagten, dass ich nur noch zwei Jahre zu leben hätte, dass sie meine Schmerzen lindern könnten, aber dass Heilung völlig ausgeschlossen sei. Das war auch ein Melanom, seltsamerweise auch am Bein. Was soll ich sagen? Ich habe sehr, sehr viel Glück gehabt, denn dieser Moment ist zehn Jahre her, und nach der damaligen Diagnose stellte sich heraus, dass der Tumor gegen alle Erwartungen der Ärzte und 97 Prozent statistische Wahrscheinlichkeit doch noch nicht gestreut hatte. Falscher Alarm also, auch wenn es zwei Wochen dauerte, bis mir diese frohe Botschaft mitgeteilt wurde. Das waren keine guten zwei Wochen, und auch die Zeit danach, auch die noch folgende zweite Operation, lässt in meinem Kopf und meinem Körper noch heute böse Erinnerungsblitze aufflackern: auch in dem Moment, als ich in der Post den Brief der

Ärztin fand. Die Endlichkeit, unausweichlich, unentrinnbar. Es gibt viel zu viel zu erfahren und zu tun, als jetzt schon ans Aufhören zu denken.

Der Wind zerrt an jedem kleinen Vorsprung, den er finden kann, er pfeift ungewöhnlich warm durch die Straßenfluchten. Wenn er will, braucht ein Sturm nur ein paar Minuten, um das Werk von Generationen umzublasen, dem Erdboden gleichzumachen. Und doch versuchen Menschen es immer und immer wieder. Leben ist Verletzlichkeit, radikale Unsicherheit. Wir verschanzen uns hinter Statistiken und Prognosen und Versicherungen, aber jeden Moment kann etwas passieren, das alles verändert. Hoffen können heißt vielleicht auch, sich über diese unerträgliche Brüchigkeit des Lebens hinwegzuretten, indem du deine eigene kleine und zerbrechliche Geschichte in eine größere Erzählung einfädelst.

Sobald ich wieder gut zu Fuß bin, werde ich mich auf den Weg ins Wien Museum machen. Dort ist ein sehr besonderer Plan ausgestellt. 1465 zeichnete der Wiener Dombaumeister Laurenz Spenning den Aufriss für den Nordturm des Stephansdoms. Die akribische Darstellung mit allen ihren Verzierungen, all den Spitzbögen und Steinknospen, Türmchen und Rosetten ist erhalten, auf Pergament, einen Meter breit und acht Meter hoch, der akkurat gezeichnete Plan einer Idee.

Meister Spenning wusste, dass er diesen Turm nie mit eigenen Augen sehen würde, dass auch seine Enkel ihn wohl nie sehen würden, denn schon die Bauarbeiten am Südturm des Doms hatten dreihundert Jahre gedauert. Er wusste auch, dass bis zur Vollendung des Turms eine gigantische und unendlich teure Baustelle die Stadt beherrschen würde, dass Fehler passieren würden, dass immer wieder das Geld ausgehen würde, dass Arbeiter vom Turm wahrscheinlich in ihren Tod stürzen und ihn verfluchen würden. Trotzdem warf er sich in die Arbeit, wurde der Turm gebaut, als Zeichen einer Gemeinschaft mit einer geteilten Vision, die in die Zeit hineinragt, als Investition in Leben, Sinn und Geschichten zukünftiger Generationen.

Das Resultat kann immer noch bewundert werden, wenn auch nicht, wie der Meister es sich gedacht hatte: Über die nächsten hundert Jahre haben Geldmangel, die Türkenkriege und die Reformation in seine Pläne eingegriffen und sie verändert. Der kaum zu einem Drittel gebaute Turm wurde nur ein Jahrhundert nach Meister Spenning mit einer »Welschen Haube« versehen, einer seltsamen achteckigen Hütte mit Kuppeldach. So wurde der Nordturm als amputierte Hoffnung stehen gelassen. So steht er noch heute da. Die Zukunft kommt nicht immer so, wie man es sich erwartet hatte. Hätte Meister Spenning seine Arbeit also gar nicht erst angefangen, wenn er das gewusst hätte, oder hätte er trotz allem damit begonnen, seine Vision zu realisieren?

Laurenz Spenning war natürlich nicht allein mit seinem Vertrauen in eine geteilte Zukunft. Im Gegenteil: Diese Idee scheint universell zu sein. In der Kultur der Maori in Neuseeland ist Pounamu (Nephrit, ein grüner Stein wie Jade) etwa so wichtig wie Gold für die Kulturen Mittelamerikas und Europas. Pounamu ist außergewöhnlich hart, und die Maori-Kultur kannte keine Werkzeuge aus Metall. Also wurden die Hei-teki (Amulette, die um den Hals getragen wurden) und auch die zeremoniellen Kriegskeulen in mühsamer und langwieriger Handarbeit über Generationen mit

Holz, Wasser und Sand geschliffen und geformt und von Vater auf Sohn (Frauen arbeiteten mit anderen Materialien) vererbt, bis sie endlich fertig waren. In den Augen ihrer Träger haben sie Mana, eine spirituelle Kraft, die Individuen mit ihren Ahnen und mit der Natur verbindet. Sie tragen buchstäblich die kollektive Arbeit von Generationen am Hals, Tausende von Stunden, die Menschen vor ihnen in die gemeinsame Geschichte investiert hatten.

Noch eine Geschichte, diesmal von heute. Ein Freund von mir, ein Weinbauer, bewirtschaftet ein Schloss, dessen Grundmauern und Keller ins frühe Mittelalter zurückgehen und das auf einer keltischen Siedlung gebaut wurde. Hier wohnen Menschen schon seit langer Zeit. Irgendwann braucht mein Freund einen neuen Weinkeller und beauftragt einen Architekten. »Du kannst planen, was du willst«, sagt ihm mein Freund. »Nur eine Bitte habe ich, der Keller soll in fünfhundert Jahren noch stehen können.« »Aber dann kann ich keinen Stahlbeton verwenden«, wirft der Architekt ein. »Eben!«, antwortet mein Freund.

Lassen wir den Stahlbeton beiseite. Das Schloss, in dem mein Freund jedes Jahr neuen Wein produziert, ist eine Produktionsstätte, von der Teile tausend Jahre vor ihm gebaut wurden, damit auch er sie jetzt nutzen kann. Ist es in diesem Kontext ein exzentrischer oder seltsamer Gedanke, dass er etwas bauen wollte, was halb so lang halten könnte, um Generationen nach ihm zur Verfügung zu stehen? Warum ist es so ungewöhnlich und fast provozierend, so zu denken?

Ich weiß schon: weil wir nicht mehr im Mittelalter leben, weil unsere Produktionszyklen andere sind, weil die erdölbefeuerte Moderne einen Bruch mit der Lebensweise davor vollzogen hat.

Wir sind individualistischer geworden heute. Wir können uns nicht vorstellen, als Teil eines Generationen dauernden Projektes unsere Arbeit zu machen. Unsere Gebäude sind auf dreißig bis vierzig Jahre geplant, unsere politischen Horizonte sind noch viel kürzer, Unternehmen denken in Quartalen. Ein Großteil unserer Städte, der Objekte, die uns umgeben, und der Lebensweisen, die wir wählen, sind jünger als eine Generation und oft noch jünger als ein Jahr, ein Zeitraum, in dem ganze Städte aus dem Erdboden gestampft werden könnten.

Unsere Welt ist eine Welt des Neuen und beschleunigt sich immer mehr (besonders weil sich unsere Technologien schneller entwickeln, als wir sie verstehen können). Sie baut und reißt ab, sie wächst, verschlingt Raum und Rohstoffe und Energie und Leben, um weiterwachsen zu können. Städte ändern sich, Berufe, Kommunikation, sogar unsere Körper – denk an die verbreiteten Rückenprobleme und die Allergien, an Fettleibigkeit schon bei Kindern oder, als Kontrast, an Sportstudios, Sonnenstudios, kosmetische Chirurgie, Piercings, Tattoos; an messbar mehr Muskeln und Hirnpfade für unsere tippenden Daumen. Wir denken über unser Leben als individuelles Projekt, leben auch nicht mehr als Großfamilien mit mehreren Generationen unter einem Dach, wir haben eigene Ideen und Lebensentwürfe, wir sind mobil.

Aber was für die Architektur, den Raumverbrauch und die Wirtschaft und menschliche Körper gilt, lässt die Psyche nicht unangetastet. Vielleicht sind ja solche kurzen Horizonte des wirtschaftlichen Denkens und der industriellen Strategien auch Ausdruck einer im Bann der Technologie rastloser gewordenen Mentalität, und auch wenn diese

Rastlosigkeit großartig ist für Expansion, Wettbewerb, Eroberung, Entdeckung, ist sie auch immer ein Wettrennen gegen den eigenen Schatten, denn nichts in unserer evolutionären Erfahrung hat uns auf diese Lebensweise vorbereitet. Natürlich sind Menschen enorm flexibel und können sich unterschiedlichen Umständen anpassen, auch solchen, die ihren Bedürfnissen als Primaten eigentlich nicht entsprechen. Aber das verursacht Kosten, es ist ein dauernder Stress, eine ständige Verrenkung, eine chronische Anspannung.

Eine Gesellschaft braucht Geschichten, die zwischen den vielen individuellen Erzählungen vermitteln. Sie brauchen ausreichend Gemeinsamkeiten, um Gesetze und Spielregeln festzulegen, sonst gibt es keine Gesellschaft, sondern nur einen Haufen Menschen, die zufällig am gleichen Ort leben und sich um seine Ressourcen streiten. Das Recht des Stärkeren. Die Anarchie, den Zustand der Natur, den vor vierhundert Jahren Thomas Hobbes beschrieben hat.

Eine Gesellschaft (wie jedes Rudel und jede Gruppe) braucht eine Art Mindestmaß an Vertrauen, eine gemeinsame Art, Dinge zu tun, Geschichten zu erzählen, sich zu bewegen, Streit zu schlichten, Feste zu feiern, Anerkennung oder Verachtung zu zeigen. All das bildet die Erzählungen dieser Gesellschaft, die auf zahllose Weisen unsere Gefühle und Reflexe und Gedanken begleiten und formen, von unserer Geburt an. Solche Erzählungen entstanden in vielen Schichten und zu unterschiedlichen Zeitpunkten als Antworten auf existenzielle Herausforderungen. Die moralischen Standards des 21. Jahrhunderts waren ihnen so fremd wie die anderer Kontinente und anderer Götter.

Auch wenn die Geschichten, die sich unsere Vorfahren

erzählt haben, immer wieder schreckliche Opfer forderten und für viele Menschen großes Leid bedeuteten – sie machten es leicht, die Welt um sich herum zu lesen, einzuordnen und sich in ihr angemessen zu verhalten. Ihre Regeln und Rituale waren aus heutiger Sicht fast immer albern und oft grausam, aber es gab so etwas wie einen geteilten Sinn, eine Sprache, die von allen verstanden wurde – und den Mächtigen eine Rechtfertigung für ihre Macht.

In den letzten Jahrzehnten haben sich die Geschichten in unserem Teil der Welt sehr verändert, weil sich ein anderes Denken durchsetzte und auch die Forschung die überlieferte Version der europäischen, westlichen Geschichte in Frage stellte. Nach der geoffenbarten Religion kam die Nationalreligion an die Reihe, dann die liberale Idee, dass reiche Gesellschaften vor allem deswegen in Reichtum leben, weil sie vernünftig sind, gute moralische und politische Entscheidungen treffen, anständig sind und hart arbeiten, und nicht weil ihre Vorfahren jahrhundertelang einen Großteil der Welt ausgeraubt, ausgeplündert und verelendet haben.

Der Angriff auf die alten und problematisch gewordenen Geschichten führt zu einer interessanten Konsequenz, sagt der Politikwissenschaftler Olivier Roy. Er hat die Welt flach gemacht. Die alten Hierarchien sind verschwunden, den neuen Hierarchien aber (Geld, Qualifikationen, Konsum) fehlt einfach dieselbe Verbindlichkeit. Ohne eine verbindliche Geschichte, eine gemeinsame Kultur aber bleiben nur explizite Regeln und Normen, um das soziale Leben zu regeln. Wo früher ungeschriebene Gesetze bestimmten, wie du dich verhalten musst und worauf du hoffen darfst, sind es heute zahllose Normen und Gesetze, die explizit gemacht werden, in Gesetzbüchern und auf Verbotsschildern.

Wenn du Fotos von einer Straßenkreuzung um 1900 und um 2020 ansiehst, wird diese Veränderung sehr deutlich. Auch damals gab es dichten Verkehr, in dem sich Kutschen, Karren, Fußgänger und auch schon Fahrräder und Autofahrer dieselbe Straße teilten. Was es aber nicht gab, waren Ampeln und Verkehrsschilder. War das besser? Nein, es gab auch damals Unfälle, und es gibt heute viel mehr Verkehr. Aber es war auf eine interessante Weise anders. Nicht alles musste ausgeschildert werden. Wenn du heute auf die Straße gehst, brüllen dir tausend Schilder ins Gesicht: Geh hier, mach dies, tu das nicht, bleib stehen, geh weiter. Offenbar muss alles ausdrücklich gesagt werden. Früher hatten die Frauen lange Kleider und die Männer Anzüge an, weil die Konvention es so wollte, weil »anständige« Menschen das so tun. Heute kannst du anziehen, was du willst, aber jeder deiner Schritte wird dir vorgeschrieben, und die Normierung greift sogar darauf über, wie du sprechen darfst und wie nicht.

Diese Verschiebung in der historischen Erzählung hat es auch notwendig gemacht, die eigenen Geschichten neu zu erzählen und auch andere Stimmen darin hörbar zu machen. Die Geschichte der Menschheit wird immer wieder neu erzählt, um die Erfahrung einer neuen Generation zu reflektieren, ihre Haltung zum Leben, um Antworten auf ihre Fragen im Faktenhaufen der Vergangenheit zu finden, sodass die Gegenwart wie eine logische Fortführung dieser Vergangenheit erscheint. Aus der Fiktion, die unsere Historikerinnen in die Vergangenheit projizieren, wird die Rechtfertigung der Gegenwart als objektive historische Tatsache. So verfahren übrigens nicht nur Historiker mit der offiziellen Erinnerung einer Gesellschaft, so machen wir es auch mit unseren eigenen Erinnerungen. Wir erzählen uns unsere eigene Geschichte neu, betonen andere Erinnerungen oder bewerten sie anders, um unsere Gegenwart mit einer adäquaten Vergangenheit zu versorgen.

Nun ändert sich diese Gegenwart schneller, als wir ihre Vergangenheit erfinden können. Unsere Geschichten schwanken und werden immer fadenscheiniger, die schlampig nachgeahmten Schnittmuster sind immer deutlicher erkennbar. Gegenseitiges Vertrauen, eine wechselseitige Lesbarkeit von Menschen untereinander wird schwieriger in Gesellschaften, die nur oberflächlich gesehen durch Migration, aber auf eine viel grundlegendere Weise durch explodierende Technologien, Landflucht, globale Märkte, die Automatisierung von Arbeit, die Macht der sozialen Netzwerke und den immer stärker werdenden Einfluss der künstlichen Intelligenz so stark umgepflügt werden, dass ihre Mitglieder sie nicht mehr wiedererkennen.

So viel Veränderung schafft Erwartungen, Ängste und Traumata und damit einen besonderen Gesprächsbedarf, um trotzdem gemeinsame Ziele, ein gemeinsames Projekt formulieren zu können, durch das ein Haufen Menschen zu einer Gesellschaft wird. Solche Momente hat es immer wieder in verschiedensten Gesellschaften gegeben, in denen sich verschiedene Bevölkerungen begegneten, durch Invasionen oder Migration, durch Umsiedlung oder Missionierung oder Kolonisierung, durch Handel und Krieg und den Willen zum Frieden. Unterschiedliche Perspektiven, unterschiedliche Wahrheiten können sich aneinander entflammen und die Welt niederbrennen. Aber aus dem Austausch und auch aus der Irritation entsteht immer eine Art von

Reibungswärme und Bereicherung, von Aneignung oder Abwehr, Antwort oder Nachahmung, und daraus entstehen immer neue Geschichten, die eine andere, komplexere Realität widerspiegeln.

Es ist schon schwer genug, sich in ruhigen Zeiten auf eine gemeinsame Geschichte zu einigen, auf eine ausreichend breite Basis, auf der man gemeinsam etwas bauen kann. In einer Zeit, in der sich alle Voraussetzungen des Lebens rapide und grundlegend ändern, in der sich das Tempo der Veränderung durch neue Technologien vervielfacht, gleicht diese Herausforderung Schach in drei oder mehr Dimensionen.

Von dem Juristen und Verfassungsrichter Ernst-Wolfgang Böckenförde stammt der berühmte Satz: »Der freiheitliche, säkularisierte Staat lebt von Voraussetzungen, die er selbst nicht garantieren kann. Das ist das große Wagnis, das er, um der Freiheit willen, eingegangen ist.« Klingt kompliziert, ist aber sehr einfach: Wenn kein Konsens mehr darüber besteht, wie Vertrauen funktioniert und Respekt und Solidarität und Engagement, wie soll eine Gesellschaft dann zusammenhalten? Nur durch ihre Gesetze und Institutionen?

Gesetze sind nur Spielregeln, ein Staat nur die Organisation gemeinsamer Interessen, ein demokratisches System nur eine Verfahrensordnung zur Machtverteilung. Aber wer sagt mir, dass mein Nachbar nicht längst ein Feind geworden ist, dass das System nicht von einer dunklen Verschwörung unterlaufen ist? Wer garantiert, dass Frau X ihr (oder Herr Trump sein) Amt und ihre Macht auch nach vier Jahren wirklich wieder abgibt? Vielleicht baut sie bis dahin die Verfassung um, besetzt alle Gerichte mit ihren Leuten, kauft oder erpresst die Medien, entlässt die Regierung? Alles schon vorgekommen. Wer sagt mir, dass nicht alle Richter, alle Journalistinnen, alle Professorinnen und Wissenschaftler vom System gekauft sind, oder selbst Agenten des Systems? Wer sagt mir, dass ich den anderen vertrauen kann, sich noch an die Spielregeln zu halten? Wann muss auch ich die Regeln brechen, um meinen eigenen Vorteil zu sichern, um mich und die Meinen zu retten? Wenn genug Menschen so anfangen zu denken, bricht das System zusammen – oder verwandelt sich in eine Diktatur.

Es braucht ein Grundvertrauen, um eine Gesellschaft möglich zu machen, eine gemeinsame Art, die Dinge zu tun, einen Respekt vor den Regeln, eine Art Anstand. »Das macht man so«, »das tut man nicht«, wie zahllose Eltern sagten und noch sagen. Wir müssen einander genug vertrauen, um zu glauben, dass sich auch die anderen oft genug an die Spielregeln halten werden.

In einer säkularisierten Gesellschaft fehlen laut Böckenförde diese Voraussetzungen, zumindest als metaphysisches und allgemein anerkanntes Diktat. Wir haben keinen Gott, der uns befiehlt, was zu tun ist, der uns offenbart, was der Sinn dieser Welt ist, was gut ist und was böse, der seine Zehn Gebote in Stein meißelt. Im Gegenteil: Wir haben gelernt, Autoritäten in Frage zu stellen und Normen kritisch zu hinterfragen.

Die Ordnung und ihre Legitimität, Respekt, Anstand und Vertrauen werden nicht mit jenseitiger Autorität vorgegeben, sondern müssen von innen heraus geschaffen und aufrechterhalten werden. Das verlangt dauernde Arbeit an den fragilen Strukturen der demokratischen Gesellschaft und der eigenen, flirrenden Identität. Es ist anstrengender, in so einer Gesellschaft, die sich ihre Regeln selbst setzt, zu hoffen. Trotzdem glaube ich, dass es nicht nur möglich, sondern überlebenswichtig ist, kluge Hoffnung zu kultivieren.

Was aber tun, wenn man in einer Zeit lebt, in der der eigenen Gesellschaft nicht nur das Vertrauen, sondern auch die Zuversicht abhandengekommen ist? Was hoffen, wenn die eigene Gesellschaft keine plausible Zukunft mehr für sich sehen kann, wenn das Modell der letzten Jahrzehnte sich als moralisch verheerend und ökologisch zerstörerisch erwiesen hat?

Die Technologien und wissenschaftlichen Erkenntnisse, die es der Menschheit erlaubt haben, zum ersten Mal aus eigener Kraft wirklich eine bessere Zukunft zu imaginieren, haben es erheblich schwerer gemacht, überhaupt noch Hoffnung zu schöpfen. Der technologische Fortschritt, die industrielle Revolution, der Aufschwung, die Digitalisierung haben Wellen von zerstörerischen Nebenwirkungen in die Welt geschickt. Und all das ist so unglaublich schnell gegangen, dass Wissen und Technologien nach zehn Jahren schon wieder veraltet sind und der arme, erschöpfte Primat Homo sapiens keine Zeit findet, sich an die neuen Umstände anzupassen.

Unter dem Druck dieser wahnsinnigen Beschleunigung lässt sich keine Geschichte einer gemeinsamen Zukunft mehr erzählen, sie würde an der Last der Widersprüche und der immer neuen Entdeckungen zusammenbrechen. Aber auch keine andere Geschichte ist in Aussicht. Das 20. Jahrhundert war eine Art Labor, in dem immer neue Kandidaten für die Rolle der Großen Erzählung an lebenden Menschen ausprobiert wurden: Nationalismus und Imperialismus, Kommunismus und Faschismus, Liberalismus und Neoliberalismus, Stalin und Hitler, Lenin und Mao, Pol Pot und Che Guevara, General Pinochet und Ayatollah Khomeini hatten alle ein großes Narrativ, das auf ein Paradies abzielte, aber vor allem Opfer forderte, viele blutige Opfer.

Und jetzt sitzen wir da, immer neue Technologien sausen uns um die Ohren und bringen uns in einen beinahe hysterisch narzisstischen Zustand der ständigen Reizüberflutung. Mit dem bisschen Hirn, das gerade nicht abgelenkt ist, denken wir darüber nach, was die großen Geschichten ersetzen könnte, in die wir unser Leben noch investieren können. Nach so vielen historischen Enttäuschungen ist es nicht leicht, noch immer zu hoffen. Das Resultat, sagen uns kluge Psychologinnen, ist eine Epidemie von Narzissmus und Nihilismus, eine endlose Parade von Patienten, die durch ihre Sprechzimmer zieht – und über alle Bildschirme der Welt.

Narziss, der schöne Jüngling aus der griechischen Sage, der unsterblich in sein eigenes Spiegelbild verliebt war, ist auf den ersten Blick ein seltsamer Gefährte von Raskolnikow, dem nihilistischen Antihelden von Fjodor Dostojewski, der an nichts glaubt und keine Macht und keine Wahrheit anerkennt und einen Mord begeht, nur um zu beweisen, dass es ihm als außergewöhnlichem Menschen erlaubt ist, gewöhnliche Menschen umzubringen. Aber genau hier treffen sich die beiden. Ein Narzisst glaubt auch, dass alles erlaubt ist, dass er das Recht darauf hat, sich zu nehmen, was er braucht in seiner endlosen Selbstvermarktung. Ein Nihilist geht nur einen Schritt weiter, weil ihm der Blick in den Spiegel egal geworden ist, weil nichts mehr zählt und nichts mehr einen Wert hat in einer Welt, in der auch nichts heilig ist und nichts tabu, in der alles gekauft und konsumiert werden kann, wenn du nur die Kohle hast; und wenn nicht, was red ich dann mit dir?

Solche Muster sind Symptome von Gesellschaften, die sich keine gemeinsamen Geschichten mehr erzählen und die sich keine Zukunft mehr zutrauen. Die Menschen in unseren Ländern bekommen weniger Kinder, es sterben mehr Menschen, als geboren werden. Sind die Menschen im Westen also zu dekadent, zu egoistisch, zu gierig oder zu faul, um Kinder in die Welt zu setzen? Ist das Sperma minderwertig, das Mikroplastik an allem schuld, warten sie zu lange, um vorher noch im Markt funktionieren und ihre Egos entwickeln zu können? Vielleicht gibt es solche Menschen, aber für die meisten sieht die Wirklichkeit anders aus. Wegen der Klimakrise und anderen Bedrohungen haben sich manche Paare dagegen entschieden, Kinder in diese Welt zu setzen. Darüber könnte man lange diskutieren, aber auch das betrifft nur eine Minderheit.

Die meisten Menschen bekommen aber nicht deswegen keine oder wenige Kinder, weil sie zu selbstsüchtig sind oder eine tiefe kulturelle Malaise fühlen oder grundsätzlich keine Kinder wollen, sondern weil sie keine Kindergartenplätze finden und sich widersprüchlichen Anforderungen ausgesetzt fühlen: Sie sollen marktkonform und karriereorientiert sein, sich beweisen und ihre eigenen Träume und Potenziale verwirklichen und gleichzeitig glückliche und verantwortungsbewusste Eltern und ewig aufmerksame und attraktive Partner sein. All das in einem Alter, in dem Karrieren starten oder scheitern, in dem die Poleposition im Rattenrennen vergeben wird. Es ist nicht einfach, das alles zu jonglieren, schon gar nicht, wenn alles an den Eltern (vor allem: den Müttern) hängen bleibt. Es ist schwer, wenn von einem erwartet wird, ständig in allem und überall total glücklich und erfolgreich zu sein und alle richtigen Häkchen zu setzen. Da wird Selbstverwirklichung plötzlich zur aufreibenden Fließbandexistenz. Wenn es gleichzeitig keine große Zukunft gibt, in der du deinen Platz siehst, ist es einfacher, erst mal gar nichts zu tun, abzuwarten. Und irgendwann ist es dann schon fast zu spät.

Um Hoffnung aufzubauen, in langen Rhythmen zu denken, auf lange Sicht zu planen, mit einem Horizont über Generationen, fehlen in Zeiten der Last Generation und der rastlosen Märkte die Kapazitäten. Das Betriebssystem ist zu langsam, der Arbeitsspeicher überlastet. Wir leben in Gesellschaften, die Menschen dazu anhalten, effizient und nach den Regeln eines »Workflow« zu funktionieren, sich gleichzeitig selbst zu finden und dabei auch noch zu glauben, sie könnten sich frei entscheiden.

Der tschechische Schriftsteller und Dissident Václav Havel widersetzte sich den sowjetischen Besatzern seiner Heimat, kämpfte für eine demokratische Zukunft und für Meinungsfreiheit, landete dafür lange im Gefängnis und wurde nach dem Zusammenbruch der Sowjetunion Staatspräsident der Tschechoslowakei, ein Schicksal, das ihm niemand hätte voraussagen können. In seiner Zelle hatte er viel Zeit, sich Gedanken über sein Leben und seine Hoffnung zu machen. Er schrieb später:

> Die Art von Hoffnung, über die ich oft nachdenke (vor allem in besonders aussichtslosen Situationen, wie z. B. im Gefängnis), verstehe ich vor allem als einen Gemütszustand, nicht als einen Zustand der Welt.

> Entweder haben wir Hoffnung in uns oder nicht; sie ist eine Dimension der Seele; sie hängt nicht wesentlich von einer bestimmten Wahrnehmung der Welt oder Einschätzung der Situation ab. Hoffnung ist keine Prognose. Sie ist eine Orientierung des Geistes, eine Orientierung des Herzens; sie geht über die unmittelbar erlebte Welt hinaus und ist irgendwo jenseits ihres Horizonts verankert. Hoffnung in diesem tiefen und kraftvollen Sinn ist nicht dasselbe wie die Freude darüber, dass die Dinge gut laufen, oder die Bereitschaft, in Projekte zu investieren, die offensichtlich bald erfolgreich sein werden, sondern vielmehr die Fähigkeit, sich für etwas einzusetzen, weil es gut ist und nicht nur, weil es Aussicht auf Erfolg hat.

Ein langer historischer Atem kann deine Hoffnung transformieren, von einem aussichtslosen persönlichen Kampf zu einem Projekt, das über Generationen immense, unglaubliche Früchte tragen wird, auch wenn es (noch) nicht die Höhe seiner eigenen Ambitionen erreicht, ähnlich wie Meister Laurenz und sein Turm. Eine solche Perspektive geht nur schwer zusammen mit dem viel schnelleren Tempo der alltäglichen Erfahrungen und der Erfolge. Ist es möglich, inmitten dieses Trubels eine solche Perspektive zu kultivieren und zu stärken, für dich persönlich und auch als Hoffnung für eine Veränderung unserer gemeinsamen Geschichte?

Ich erinnere mich an die beiden Wochen, als die Ärzte mich aufgegeben hatten. Ich habe nicht gehofft in diesen Tagen. Ich war vollkommen hoffnungslos. Vor allem: Ich fühlte mich ohnmächtig, unendlich, unerträglich ohnmächtig, wie unter einer riesigen, dumpfen Decke. Es gab nichts, was ich tun konnte, ertragen konnte, anders machen könnte, um meinen Zustand zu verbessern. Das Leben verlief vollkommen jenseits meiner Kontrolle, es war mir aus den Händen genommen, schon entschieden, unabänderlich.

Hoffnung braucht Agency, einen Handlungsraum, in dem du nicht mehr machtlos bist, das habe ich damals verstanden. Dazu sind Strukturen nötig, in denen du handeln kannst, wenn es um politische, gesellschaftliche Fragen geht. Solche Strukturen kann man schaffen, stärken, schwächen, angreifen, verteidigen. Das macht die Hoffnung zu einer politischen Angelegenheit. Aber es braucht auch noch etwas, das zu einem persönlichen Projekt werden kann, deinen Handlungsraum auszuweiten, nämlich eine Technik, handwerkliche Fähigkeiten, um dein eigenes Tun zu strukturieren, denn der Handlungsraum, den du erkämpft hast, will auch gefüllt werden.

Wie kannst du dir einen Handlungsraum erobern? Wie kannst du dich von dem Gefühl befreien, ohnmächtig und passiv von allen möglichen katastrophalen Entwicklungen überrollt zu werden, oder auch nur dein eigenes, privates Leben nur noch als Zuschauer mitzuerleben, weil es einfach zu schnell geht, weil sich die Orientierungspunkte ständig verschieben, weil das, was du gestern gelernt hast, heute schon längst veraltet ist? Ist es möglich, in dieser Welt zu leben, ohne sich die Handlungsmöglichkeiten völlig zerstören zu lassen? Ist es möglich, sich so etwas wie Freiheit zu erobern?

Ah, die Freiheit. Wir wollen aber hier nicht über Willensfreiheit reden, sondern über die Chance, ein möglichst selbstbestimmtes und hoffnungsvolles Leben zu führen, ein

Leben in Autonomie und selbst gewählter Gemeinschaft. Diese Freiheit ist nicht gleichbedeutend mit »Ich mache alles, was ich will«. Im Gegenteil: Es geht um eine Freiheit, die dir erlaubt, deine Perspektive und deinen Handlungsraum auszuweiten und nicht nur Gefangener der Umstände zu sein.

Diese Freiheit ist ein seltsames Tier, denn sie ist unmöglich ohne Disziplin, obwohl die nicht eben im Ruf steht, etwas mit Freiheit zu tun zu haben. Wenn sie Disziplin hören, denken viele Menschen an exerzierende Soldaten oder an eine Diät, zu der man sich widerwillig zwingt. Das ist nicht die Disziplin, die ich meine. Was ich meine, ist vielleicht das einzige Tor zu einer Art Freiheit, das uns offen steht.

Mach ein einfaches Experiment: Nimm dir ein Musikinstrument, das du noch nie in der Hand gehabt hast, und spiele alles darauf, was du willst: jeden Song, jedes Riff, jedes Solo-Stück und Konzert, jeden Stil, alles ist erlaubt. Du bist völlig frei. Niemand diktiert dir was, verbietet dir was, schreibt dir was vor, niemand steht deiner Kreativität im Weg. Du bist völlig frei.

Es ist einfach zu sehen, dass diese Freiheit nicht viel wert ist. Du wirst nach einigen Minuten entnervt aufhören, weil dein Wille zur Freiheit nicht von der notwendigen Technik unterstützt wird, von Erfahrung, handwerklicher Fähigkeit, jahrelanger Routine und, ja, einer Disziplin. Eine Meisterin auf ihrem Instrument kann entspannt und ohne auch nur nachzudenken auf ihre Partner und auf die Situation, den Saal, die Atmosphäre, die eigene Stimmung und die eigenen Ideen reagieren und sie ausdrücken, improvisieren und einer plötzlichen Eingebung folgen, mit vollem Vertrauen auf ihren Körper, ihre Stimme, ihre Meisterschaft und den Rhythmus ihres Atems. Aber diese Meisterin weiß auch: Ohne ihren jahrelangen intensiven Einsatz, ohne all das Üben und die Jahre *on the road* und die Jobs für fast kein Geld und die Flughäfen und die schlechten Hotels und riskierten Beziehungen könnte sie jetzt nicht der Inspiration des Augenblicks freien Lauf lassen und so etwas wie puren Flow erleben.

Wenn es jenseits deiner bürgerlichen Freiheiten und Rechte so etwas wie eine philosophische Autonomie gibt, einen Freiraum für dein Nachdenken und dein Handeln, dann wird dieser Freiraum durch Können und Konzentration offen gehalten, wie bei einer Musikerin, die ihre Meisterschaft ständig wieder erüben muss. So wie bürgerliche Freiheiten und Rechte nur dann etwas wert sind, wenn es auch Polizei und Gerichte und Gesetze gibt, um sie zur Not auch mit Gewalt durchzusetzen, ist die Freiheit, das eigene Leben zu gestalten, nur dann was wert, wenn sie durch Können stark gehalten werden kann.

Draußen kreischt der Wind durch die Gassen. Die Antennen auf dem Dach gegenüber neigen sich gefährlich, wenn eine Böe sie erfasst, und die Aluminiumjalousien am Haus gegenüber klappern und rattern mit jedem Windstoß. Am Himmel lange Kondensstreifen. Sieht so die Apokalypse aus? Ich bin wild entschlossen, mich solchen Gedanken zu verweigern. Manchmal habe ich das Gefühl, dass sich die Umstände dazu verschworen haben, mich langsam mürbe zu machen, aber ich weiß auch, dass das Unsinn ist. Die Umstände haben Besseres zu tun.

Kommen wir zurück zu Meister Laurenz und seinem Turm. Er hatte Hoffnung, weil er Glied einer Kette war, die sich von der Vergangenheit in die Zukunft erstreckte, weil es nicht wichtig war, ob er oder ein anderer diesen Turm fertig bauen würde, denn das Projekt überstieg die Kraft eines Einzelnen, aber jeder konnte dazu seinen Beitrag leisten, auch wenn er nicht den krönenden Stein einsetzen würde.

Meister Laurenz hatte es leicht, die Geschichte zu sehen, in die er sich einfügen konnte, auf Generationen hinaus. Er lebte im 15. Jahrhundert, gerade vor der Ausbreitung des Buchdrucks und der Ozeanreisen zu anderen Kontinenten. Seine Welt war klein, und er wuchs auf im Schatten des Schwarzen Todes, der Pest-Epidemie, die zwei Generationen vor ihm fast die Hälfte der Bevölkerung Europas umgebracht hatte. Er war Teil eines neuen kulturellen Aufbruchs, und er wollte einen Turm konstruieren, der buchstäblich in die Zukunft hineinragen würde, als Wahrzeichen eines Traums, der den Anspruch hatte, Jahrhunderte zu überdauern.

Der französische Historiker Fernand Braudel hat einen schönen, poetischen Begriff für diese Brennweite des geschichtlichen Denkens geprägt: *la longue durée*, die lange Dauer. Für Braudel war der Blick über die Jahrtausende die interessanteste Perspektive, Geschichte zu betrachten, um Muster erkennen zu können, die unsichtbar bleiben würden, wenn er nur eine Periode unter die Lupe nehmen würde. Das ist auch die Zeitspanne, in der die Hoffnung denkt. Im christlichen Europa (und nicht nur dort) war sie überhaupt aufs Jenseits konzentriert, aber wie Václav Havel sagt, zielt sie auch für säkular denkende Menschen auf einen Punkt jenseits des Horizonts. Das macht sie unbesiegbar. Wer keine unmittelbar erreichbaren Ziele ansteuert, kann auch nicht enttäuscht werden, wenn er sie nicht gleich erreicht.

Hoffnung ist ein Versuch, unsere örtlich und zeitlich begrenzten Körper in der Unendlichkeit zu verankern, und sei es auch nur eine erzählte Unendlichkeit, im uferlosen Fortsetzungsroman des Lebens auf diesem Planeten und insbesondere in meinem Land, meiner Stadt, meinem *tribe*. Sie ist ein Ausdruck der menschlichen Sehnsucht nach Sinn, und die lässt sich nicht neutralisieren. Du musst lernen, mit ihr zu spielen, dich einzulassen auf die Geschichten, die die Hoffnung dir erzählt. Im imaginären Raum, im Theater meiner Fantasie oder in einem tatsächlichen Theater, kann ich mich der Lebendigkeit meiner Geschichte und meiner Gemeinschaft versichern. Draußen wird mein Leben so zu meiner eigenen Geschichte, und als ihr Held kann ich handeln und mein Ziel verfolgen, auch unter den schlimmsten Umständen.

Vergiss nicht: Wir sind nicht allein damit, in katastrophalen Zeiten zu leben. Die meisten Menschen haben in katastrophalen Zeiten gelebt, bedrängt von Kriegen, Hungersnöten und plötzlichen Todesfällen. Wenn sie unter allen möglichen Umständen trotzdem ihre Hoffnung behalten haben (und viele haben sie auch verloren), dann nur, weil ihre Hoffnung über den Horizont zielte, weil sie an etwas glaubten, das man nicht anfassen, nicht totschlagen und nicht verbrennen kann, was aber das Leben der Menschen bestimmt, einen transzendentalen Glauben also. Für sie waren es Gott oder Götter, die ihre Geschicke lenkten und auf deren Barmherzigkeit sie (trotz aller Gegenbeweise vor ihren Augen) immer noch hofften. Säkulare Menschen haben diesen Rückhalt nicht mehr, sie glauben nicht mehr an ein transzendentales Wesen, an offenbarte Wahrheiten oder Gebote.

Es ist keine neue Idee, die Religion als Schutzschild gegen die eigenen Zweifel zu gebrauchen, die Frage ist nur, wie lange das hält. Der große Aufklärungsdenker und Zyniker Voltaire glaubte zwar selbst nicht an Gott, wollte aber, dass sein Friseur und sein Kammermädchen an ihn glauben, damit sie ihn weniger oft bestehlen würden. Das ist wunderbar als witzige Bemerkung, aber nicht als politisches Prinzip. Nein, die Rückkehr in eine Art von religiösem Glauben steht einem säkular denkenden Menschen nicht offen, weil sie einfach zu viele unproduktive Fragen aufwirft. Wie kann ein allmächtiger, allwissender, gütiger Gott so schreckliches Leid zulassen? Warum gibt es das Böse? Haben wir eine unsterbliche Seele? Was passiert mit denen, die im falschen Glauben sterben? Wie können wir frei sein, wenn Gott allgegenwärtig ist? An diesen Fragen sind die besten Köpfe vieler Jahrhunderte gescheitert. Wie sagte John Maynard Keynes? »Ausgehend von einer falschen Annahme landet ein kompromissloser Logiker im Irrenhaus.«

Wir müssen uns mit so unproduktiven Fragen nicht herumschlagen, aber wir können uns deswegen auch nicht auf eine große Wahrheit verlassen, auf den metaphysischen Nagel, an den wir unsere Moral, unsere Prinzipien und Ängste hängen können. Wenn wir aber eine gemeinsame Wahrheit brauchen, eine Version der Dinge, die es uns erlaubt, in Frieden miteinander zu leben, dann muss diese Erzählung aus uns selbst kommen, aus unseren Gesprächen und gemeinsamen Erfahrungen, aus denen eine gemeinsame Orientierung entstehen kann.

Wer in einer säkularen Welt lebt, muss die Wahrheit in

der Geschichte und der Gegenwart auf die eigene Kappe nehmen. Das bringt säkular denkende Menschen in eine schwächere oder doch zumindest mühsamere Position denen gegenüber, die eine Garantie aus dem Jenseits haben. Tatsächlich aber zeigt die historische Erfahrung, dass auch weltliche Hoffnungen Berge versetzen können. Menschen können hoffen und dadurch neue Wirklichkeiten schaffen, zum selbst handelnden Menschen, zum Subjekt werden, nicht zum Objekt, das sich von den Dingen, wie sie nun mal sind, begrenzen lässt.

Aber die Hoffnung, wie Václav Havel sie verstand, war nicht nur eine Kraft, die ein politisches Regime stürzen konnte, sie war eine »Orientierung des Geistes«, eine Überzeugung, das Richtige zu tun, ob es sich durchsetzt oder nicht. Das ist ein anderer faszinierender Aspekt dieser stillen Kraft. Sie kümmert sich nicht unbedingt darum, was diese Welt ihr möglich macht. Sie reißt Grenzen nicht gewaltsam nieder, sie hebt sie einfach in ihrem Blick auf. Sie richtet sich auf einen Horizont jenseits deiner Gegenwart, auf einen Sinn, der nur zwischen Menschen bestehen kann, auf eine Zukunft, von der du Teil sein kannst, wenn man sich an dich erinnert, wenn du (oder doch die Form von deiner Nase, die Bewegung deiner Gesten, dein Lachen, deine Vorliebe für Walderdbeeren, deine Leidenschaft) durch deine Kinder weiterlebst, wenn du etwas hinterlässt, zu etwas beigetragen hast, als eins von Diderots amourösen Molekülen, die sich auch nach langer Zeit wiederfinden.

Dein Körper und dein von ihm eingeschlossener Geist werden auf diese Weise grenzenlos, fließen sozusagen mit dem Fluss der großen Geschichte, Wassertropfen im großen Strom, nicht verloren, nur verwandelt. Das ist eine sehr unzeitgemäße Art zu denken, es wirkt ungemütlich kollektivistisch und scheint allem möglichen esoterischen Schnickschnack Tür und Tor zu öffnen, aber es bleibt auf dem Boden der Empirie. Schließlich beginnen jetzt auch die Naturwissenschaften die Gaia-Theorie ernst zu nehmen, die unseren Planeten beschreibt und versteht, als ob er ein einziger, lebender Organismus wäre, der auf der Suche nach Gleichgewicht zu handeln und zu entscheiden scheint, ein immenses System von Systemen, an dem auch Homo sapiens Anteil hat, irgendwo im Gewusel, für die Erde viel weniger wichtig als Plankton oder Pilze oder Ameisen, aber doch eine Manifestation des Lebenden, der sich ewig neu erfindenden Evolution.

Nun habe ich das ganz große Fenster aufgestoßen, um einmal Luft hereinzulassen und unsere Köpfe zu erfrischen. Der alltäglichen Hoffnung hilft es nicht viel weiter, über sich selbst als Molekül oder Teil riesiger Systeme nachzudenken. Für die Dimension, in der du und ich leben können, kann Hoffnung auch konkrete Veränderung, Verbesserung bedeuten, den eigenen Einsatz dafür, dass die Welt nicht einfach vor die Hunde geht, so wie sich Menschen schon immer dafür eingesetzt haben, sonst hätte die menschliche Anwesenheit auf diesem Planeten längst in einer Serie von Katastrophen geendet. Menschen haben sich schon immer dagegen aufgelehnt, dass die Entropie unsere Bemühungen zunichtemacht. Sie kämpfen und verbünden sich, finden Handlungsfreiheit durch Gemeinsamkeit, lernen, sich neue Geschichten zu erzählen. Sie lehnen sich auf gegen Zerstörung, verhindern das Schlimmste, schaffen einen wackeligen, wunderbaren Moment lang eine Welt, in der sie leben wollen. Sie orientieren sich mit Hilfe gemeinsamer mentaler Landkarten, um denselben Ort jenseits des Horizonts und außerhalb des kartografierten Gebiets zu erreichen.

Alle politische Hoffnung wächst aus Solidarität, durch Zusammenstehen, Widerstand, den Mund aufmachen, einander zuhören, Haltung zeigen, diskutieren, organisieren, demonstrieren, Allianzen formen. So entsteht die Möglichkeit, Hoffnungen in politische Wirklichkeit zu verwandeln, auch wenn das nie perfekt sein wird, immer ein Kompromiss, immer umstritten, immer unvollkommen, nie so, wie ursprünglich gedacht. So etwas kann klein beginnen, mit einem symbolischen Akt, einem Mädchen mit einem Pappschild etwa, oder einem Mann, der sich vor einen Panzer stellt. Wenn es wachsen kann, dann beginnt die harte Arbeit. Endlose Stunden, Diskussionen, Rückschläge, Kämpfe, aber auch Gemeinsamkeit, Mut, Entschlossenheit, eine Idee von einer möglichen Zukunft.

Diese politische Hoffnung, durch kollektives Handeln und öffentlichen Druck konkrete Veränderungen zu erreichen, ist schon oft beschworen worden. Richard Rorty schreibt wunderbar darüber, aber auch der italienische Sozialist Antonio Gramsci, Ernst Bloch natürlich, Viktor Frankl, Rebecca Solnit oder die Primatenforscherin Jane Goodall. Sie alle sind sich über Generationen hinweg einig darin, dass Hoffnung nicht nur etwas mit Entgrenzung und mit Geschichten zu tun hat, mit einer Art von Sinn, sondern auch damit, sich nicht mehr ohnmächtig zu fühlen, unwissend, abhängig, machtlos. Hoffnung ist nur dann möglich, wenn sie Handlungsspielräume öffnet, die Fähigkeit, aus sich selbst heraus Veränderung zu bewirken.

Mich interessiert neben den politischen Strukturen auch eine andere Bedingung des Hoffens, eine solche, die ich selbst suchen und vielleicht auch stärken und kultivieren kann. Hoffnung in einer Gemeinschaft zu stärken und auf Transformation hinzuarbeiten, scheint mir dann am besten möglich, wenn es zu einer Art Handwerk wird, zu einer persönlichen Disziplin, eine Art Leben zu kultivieren, das absichtsvolles Handeln und Gestalten ermöglicht. Nur durch Disziplin kann sich diese Hoffnung am Leben erhalten, nur so gewinnt sie einen Fingerbreit Zugriff auf die Wirklichkeit.

Aus diesem einfachen Ansatz entsteht eine starke Verbundenheit, denn nichts von alledem kann für sich passieren. Jedes Handwerk muss gelernt werden, eine Technik, die über lange Zeit entwickelt wurde und die sich zwischen deinen Fingern weiterentwickelt, die du selbst weitergeben kannst. Diese Art der tätigen Hoffnung ist nur möglich, weil es Verbundenheit gibt und weil sie Verbundenheit schafft, über Generationen und Geschlechter hinweg, über Klassen und andere Barrieren. Es entsteht so etwas wie eine Gemeinschaft der Bezogenen, eine Sprachgemeinschaft. Wenn eure Hände die gleiche Sprache sprechen, seid ihr keine Fremden mehr, dann seid ihr Teil derselben Geschichte. Und aus dieser Verbundenheit entsteht auch politische Veränderung, entstehen neue Geschichten, entsteht Widerstand und Hoffnung auf Transformation. Handlungsfreiheit, soweit sie möglich ist, kommt nicht von außen, als Recht, sondern aus dir selbst, als Selbstermächtigung.

Diese Selbstermächtigung ist nie abgeschlossen und soll es auch gar nicht sein. Meine tägliche Auseinandersetzung, meine Disziplin trägt mich vielleicht einem Ziel entgegen, aber mein eigentlich gelebtes Leben ist nicht das, was ich irgendwann einmal erreiche oder nicht, sondern das, was jeden Tag passiert, wie meine Zeit geordnet ist. Wie bei einer Sportlerin oder einem Künstler besteht mein Leben nicht vorrangig aus den Momenten, in denen ich Triumphe erringe oder Niederlagen einstecke, sondern aus den endlosen Stunden des Trainings, dem Körpergefühl, der Freude und der Angst, die mich in meine Träume verfolgen. Es ist nicht *the pursuit of happiness*, sondern *the happiness of the pursuit*.

Wer nicht nur dasitzen will wie ein Schoßhund, um zu warten, was vom großen Tisch abfällt, wer aktiv hoffen will, braucht Handlungsraum, die Möglichkeit, etwas zu verändern. Dieser Handlungsraum entsteht und erhält sich durch gerichtetes, diszipliniertes Einüben von mentalen und körperlichen Gewohnheiten, von einer Technik, einer Disziplin, der Grundlage von aller schöpferischen Freiheit.

Ich meine das ganz ernst. Der digitale Kram, mit dem wir uns umgeben und ohne den wir nicht mehr sein können, ist unglaublich gut darin, ein ganzes Füllhorn unserer Laster in Geld und lukrative Daten zu verwandeln, indem er uns wie Dreijährige behandelt: am Großhirn vorbei und direkt zum Erfolgserlebnis. In dieser digitalen Welt müssen wir keine Fremdsprache mehr lernen, wir sprechen nur in unser Gerät, das in Bruchteilen einer Sekunde eine ziemlich gute Übersetzung liefert. Du kannst also potenziell alle Sprachen sprechen, musst eigentlich gar nichts mehr lernen, denn bald werden dir deine Devices (fast) alles abnehmen, was mühsam ist.

Aber wer bist du, wenn du nichts mehr lernst, nichts mehr kannst, dich nicht mehr ins Spiel bringst und in Frage stellst? Sprachen lernen ist mühsam, anstrengend und sehr frustrierend. Du stellst fest, wie begrenzt du bist, wie schlecht deine Erinnerung, wie träge dein Mund beim Aussprechen fremder Laute, was für peinliche Fehler du machst. Du erinnerst dich wieder, wie es war, als du ein Kind warst und nicht an den Unterhaltungen der Erwachsenen teilnehmen konntest, weil du nicht die richtigen Worte für deine Ideen hattest. Du scheiterst und fängst wieder an.

Gleichzeitig merkst du aber auch, dass du deine eigenen Grenzen verschiebst, dass deine Perspektive sich ändert, dass du in einer anderen Sprache ganz andere Dinge ausdrücken kannst, dass es Nuancen gibt für andere Erfahrungen, Farben, Klänge, Gewohnheiten, dass du andere Gefühle formulieren kannst (und wenn du sie ausdrücken kannst, fühlst du sie auch stärker). Dein Leben bekommt eine neue Qualität. Du lernst, dass eine andere Sprache dir ermöglicht, jemand anders zu sein, dass andere Menschen anders agieren in dieser Welt, sich durch eine Matrix von Worten und Redensarten anders ausdrücken, anders sein können. Du lernst etwas über dich, über deinen Körper und deine Gefühle, über deine Art, die Welt zu sehen, und du veränderst dich dadurch, du gewinnst Fähigkeiten. Du wirst jemand anders, du lernst nicht nur Vokabeln, sondern du verstehst dich selbst und deine Beziehung zur Welt und ihren vielen Seinsmöglichkeiten ganz anders, die Welt wird interessanter, gewinnt mehr Tiefe. Plötzlich kannst du nicht nur einen Kaffee bestellen, sondern jemandem helfen, seine Gedanken auszudrücken, Menschen viel intimer kennenlernen, wenn sie ihre Muttersprache sprechen, selbst mit neuen Möglichkeiten experimentieren. Spracherwerb ist eben nicht das Herunterladen einer neuen Kompetenz, sondern ein Prozess der persönlichen Veränderung.

Und das ist das Problem mit der App. Sie führt dich gleich zum Resultat, aber sie betrügt dich um die Entdeckung, die Reise in andere Nuancen des Erlebens, die Ausweitung deiner Freiheit. Du sprichst nur noch von Resultat zu Resultat, von Produkt zu Produkt, weißt aber nicht mehr, wie der Prozess verläuft, wie die Übersetzung zustande gekommen ist, wie gut sie ist, was sie eigentlich gesagt hat, ob sie deine Botschaft verzerrt oder falsch betont hat, wie überhaupt die Antwort zustande gekommen ist. Du gewinnst zwar Information (die du allerdings nicht selbst überprüfen kannst), aber du bleibst genauso unwissend und unverändert, wie du warst. Irgendwann sitzen wir dann alle als inkompetente Trottel vor unseren Geräten, stellen Fragen, sind gezwungen, jede Antwort kritiklos zu akzeptieren, weil sie oft genug funktioniert und keine Mühe erfordert, und lassen sie alles regeln, während wir still verfetten.

Wer bist du, wenn du nichts mehr lernst?

MÖGLICHKEITSSINN

Die starke *Hoffnung* ist ein viel größeres *Stimulans* des Lebens, als irgendein einzelnes wirklich eintretendes Glück.
Friedrich Nietzsche, Der Antichrist 23

Ich habe dir lange nicht geantwortet, entschuldige, ich bin ein unzuverlässiger Briefpartner. Lange lasse ich nichts von mir hören, dann werde ich gleich uferlos und glaube, mit vielen Themen gleichzeitig jonglieren zu müssen, weil mich eine einfache Frage in viele verschiedene Richtungen führt.

Du bist übrigens nicht der Einzige, den ich warten lasse, muss ich gestehen. Heute Morgen erreichte mich eine Mail von Naveen, einem Freund aus Kalkutta, dem ich auch seit Monaten eine Antwort schulde. »Du bist verschwunden!«, stellt er gleich zu Anfang fest, und ich sehe sein ironisches Lächeln dabei. Er hat recht. Ich hatte ihn gefragt, was Hoffnung für ihn bedeutet, einen Dichter, Verleger und Friedensaktivisten in einem Land, in dem ein brutaler Nationalismus die Geschichte umschreibt, ein Kosmopolit, dessen Perspektive nicht europäisch oder westlich ist. Er schrieb mir eine wunderbare Mail zurück, die ich mehrmals lesen musste, eine Ode an die unmögliche Hoffnung. Ich wollte ihm gerade deshalb eine sorgfältig formulierte Antwort schicken, aber im Geprassel neuer Mails und Reisen und Korrespondenzen war ich nie dazu gekommen.

An einem Cafétisch fange ich an, seine Antwort noch einmal zu lesen:

Mein lieber Mann, du fragst einen hoffnungslosen Romantiker über das Konzept Hoffnung in einer Welt, die ihr Bestes tut, um die Unvernünftigkeit aller Hoffnung zu beweisen. Ich bin ein Nichtgläubiger mit einem starken Glauben an das Mögliche. Das Mögliche erlaubt uns, unseren Wunsch in einer Weise zu bewohnen und zu übersetzen, die Hoffnung nicht erreicht. Oder, um es anders zu erkunden, das Mögliche erlaubt uns, in einen Zustand des intuitiven Tuns zu kommen. Wir tun. Und im Tun kommen wir an. Jedes Ankommen eröffnet neue Möglichkeiten. Oder unsere Version davon, was du vielleicht Hoffnung nennen würdest.
Ich kann nicht sehr weit in die Zukunft blicken. Mein Leben und Werk und wenn ich sagen darf mein Sinn für das Menschliche entwickeln sich … Wenn ich zurückblicke, erkenne ich in meinem mäandernden Leben die Logik, die mein gegenwärtiges Selbst beginnt zu verstehen. Die Entscheidungen. Die Rolle des Zufalls. Glück. Abwesenheit von Religion. Glaube an das Individuum. Die Freude, in meiner Wortwelt etwas Künstlerisches zu tun. Nichts davon ist einfach. Aber das soll es auch nicht sein. Aber gleiche Maße an Stress und Leidenschaft schaffen ein mächtiges Gleichgewicht, das mir erlaubt, etwas möglich zu machen. … Ich fühle, wenn ich auf mein Leben zurückblicke, dass meine effektivsten und mir kostbarsten Momente die waren, in denen ich mich ganz auf die Verletzlichkeit des Handelns eingelassen habe …

Das Mögliche und die Verletzlichkeit des Handelns – Naveen trifft etwas, was ich lange nicht formulieren konnte.

Nur so ist es möglich, aus den erdrückenden Umständen auszubrechen.

Mein indischer Freund hat mit dieser Idee einen österreichischen Bruder im Geiste, Robert Musil, der in seinem nie abgeschlossenen Roman *Der Mann ohne Eigenschaften* seine eigenen Ideen darüber entwickelt, welche Rolle das Mögliche spielen kann. Die anständige Gesellschaft beurteilt alles nach dem Wirklichkeitssinn, aber:

> Wenn es aber Wirklichkeitssinn gibt, (...) dann muß es auch etwas geben, das man Möglichkeitssinn nennen kann. Wer ihn besitzt, sagt beispielsweise nicht: Hier ist dies oder das geschehen, wird geschehen, muß geschehen; sondern er erfindet: Hier könnte, sollte oder müßte geschehen; und wenn man ihm von irgend etwas erklärt, daß es so sei, wie es sei, dann denkt er: Nun, es könnte wahrscheinlich auch anders sein. So ließe sich der Möglichkeitssinn geradezu als die Fähigkeit definieren, alles, was ebensogut sein könnte, zu denken und das, was ist, nicht wichtiger zu nehmen als das, was nicht ist.

Dieser Möglichkeitssinn besteht also darin, die Wirklichkeit, nur weil sie zufällig real geworden ist, nicht wichtiger zu nehmen als andere denkbare Optionen. Alles könnte auch anders sein, alles kann anders gelesen werden, Teil einer anderen Landkarte werden, wenn du nur über die Fantasie und die Technik verfügst, diese Landkarte vor dir zu sehen und zu zeichnen. Deine Reichweite beim Zeichnen deiner eigenen Karten wird kaum über dein eigenes Leben hinausgehen, aber du kannst deine Karte in größere und komplexere Karten hineinzeichnen, kannst deine Geschichte als Teil einer größeren Geschichte erzählen und kannst so deinen Möglichkeitssinn zu einem Energiequantum einer viel größeren Transformation machen.

Möglichkeiten öffnen sich meiner Erfahrung nach auch dann, wenn du versuchst, dich aus der eisernen Umklammerung einer bestimmten Geschichte zu lösen, die Welt aus verschiedenen Blickwinkeln zu sehen. Meine Arbeit als Historiker ist auch ein Versuch, dabei zu helfen, unsere kollektive Geschichte und unsere Beziehungen neu zu erzählen und alte Erzählungen darüber, wer wir sind und warum wir hier sind, in Frage zu stellen.

Ein alter sowjetischer Witz sagt: »Die Zukunft ist sicher. Nur die Vergangenheit ist unvorhersehbar.« In der Sowjetunion gab es keinen Zweifel am historischen Sieg der Arbeiterklasse durch die Diktatur des Proletariats. Die Ideologie schloss jede Möglichkeit aus, dass etwas Unerwartetes geschehen könnte, alles war vorherbestimmt. Aber die Vergangenheit? Die offiziellen Erzählungen der russischen Geschichte im Laufe der Zeit zeigen, wie vollkommen sie sich verändern konnte. Das Zarenreich schrieb die Geschichte vom Aufstieg der Herrscher und dem mystischen Schicksal des vierten Rom, als das Moskau sich sah (heute knüpft Putin daran an). In der Sowjetunion war es die Geschichte des Proletariats, das sich im Kampf gegen Adel, Bourgeoisie, Kapital und Reaktion durchsetzte, wobei diese Interpretationen wiederum zu Machtkämpfen führten und die Sowjetunion ihre Geschichte etwa vor und nach Stalin radikal umschrieb, dann wieder unter Gorbatschow und dann wieder in einer Zeit der Öffnung und der versprochenen Demokratie, nur um sich unter Putin wieder in immer engeren

Ringen zu schließen und schließlich zum Fantasy-Spielfeld des Diktators zu werden, der seine eigene, haarsträubend zusammengestoppelte Version von Russlands Geschichte und historischer Mission in Aufsätzen verbreitet, nach denen auch die Schulbücher umgeschrieben werden. In Russland ist die Vergangenheit schon immer unvorhersehbar gewesen.

Jede dieser Geschichten bezieht sich auf dieselbe Vergangenheit, auf dieselben zahllosen Ereignisse, die passiert sind oder eben nicht, die dokumentiert und belegbar sind oder eben nicht. Und doch zeigt sich mit jeder Welle von Manipulation und Interpretation (nicht immer ein klarer Unterschied) ein ganz neues Bild derselben Landschaft. Aus einem anderen Winkel beleuchtet, entstehen neue Heldenerzählungen, während Massenmorde, Gulags und zerstörte Natur in den Schlagschatten der Erzählung verschwinden. Unterschiedliche Ideologien und Akzentuierungen schaffen unterschiedliche Heldinnen und damit neue Erzählungen.

Wenn die Geschichte, die historische Erinnerung, so willkürlich zerschnitten und aus unterschiedlichen Teilen wieder zusammengeflickt wird, dann bleibt der Hoffnung wenig, worauf sie aufbauen könnte. Die Vergangenheit als Requisitenlager verschiedener Ideologien bietet keine Orientierung, sondern erlaubt nur Gleichgültigkeit, blinden Glauben oder Zynismus.

Natürlich liest jede Generation ihr Spiegelbild in ihre Vergangenheit hinein, ordnet sie nach ihren eigenen Kriterien neu, das mache ich ja auch. Aber ich beschäftige mich nicht nur mit der Vergangenheit, um meine Welt und meine Meinungen zu bestätigen und ihnen eine historische Rechtfertigung zu geben, sondern um mich selbst, die Gesellschaften um mich herum und ihre Erzählungen und selektive Blindheit aus einer gewissen Distanz besser verstehen zu lernen, auch wenn diese Entfernung nie groß genug ist, um uns wirklich in unserer ganzen Seltsamkeit sehen zu können. Trotzdem. Es hilft. Um diese Distanz herzustellen, kannst du dich in andere Gesellschaften begeben und eine Weile in der Fremde leben, du kannst diese Reise aber auch in der Zeit machen und die Gegenwart aus dem fremden Blick der Vergangenheit heraus anders sehen lernen. Auch unsere Geschichten sind nur Geschichten. Die Frage ist nur, wie sie funktionieren und was sie mit uns machen.

Seit es überhaupt so etwas wie kritische Geschichtsschreibung gibt, die auf Dokumenten und Fakten beruht, also seit ungefähr 250 Jahren, erzählen Historiker (und seit kurzem Historikerinnen) die Geschichte immer wieder um. Zuerst die Götter, dann die Herrscher, die Könige und Feldherren. Und dann? »Der junge Alexander eroberte Indien. Er allein? Cäsar schlug die Gallier. Hatte er nicht wenigstens einen Koch bei sich?«, so fragte Bertolt Brecht spöttisch.

In dieser Frage liegt ein Programm für Generationen von Historikern, die ihre Interessen auch anderen Bereichen zuwandten. Wer waren die Soldaten, die Köche, die Frauen, die Sklaven, die Arbeiter und die Arbeiterinnen, die Prostituierten, die Diebe, die Diener, die Waisenkinder und die Bäuerinnen und die vielen, deren Namen nicht einmal überlebt haben? Wie lässt sich ihre Geschichte trotzdem erzählen, und damit die Geschichte der meisten Menschen?

Aber es ging immer noch ausschließlich darum, was Menschen mit anderen Menschen anstellen. Erst vor etwa hundert Jahren begannen Historikerinnen und Historiker sich für die Wechselwirkungen zwischen Menschen und »der Natur« zu interessieren. Ein schwieriger Begriff, denn streng genommen sind auch Menschen ein Teil der Natur und es gibt überhaupt nichts außerhalb von ihr, aber wir haben die Gewohnheit, »die Natur« von »der Kultur« abzugrenzen, von unserem eigenen Bereich. Jetzt aber begannen diese Bereiche durcheinanderzuwirbeln, zuerst gemächlich und dann immer stärker. Umweltgeschichte, Klimageschichte oder die Geschichte von natürlichen Ressourcen etablierten sich als Themen historischer Forschung.

Mir scheint es interessant, eine Geschichte der Verbundenheiten und Verstricktheiten zu erzählen, davon, wie Menschen auf, mit und gegen diesen Planeten leben. Wie verändern sich Gesellschaften, wenn sich das Klima verändert? Haben Menschen Gras und Hühner domestiziert und Hunde gezüchtet, oder war es andersrum? Wer gebraucht hier wen?, fragte sich schon Michel de Montaigne, als er mit seiner Katze spielte und sich nicht entscheiden konnte, ob er sich mit ihr die Zeit vertrieb oder sie sich mit ihm.

Die Geschichte der Beziehungen, der Symbiosen und der Systeme, in denen Menschen oft eine ganz andere und fast immer weniger wichtige Rolle spielen, als sie meinen, zeichnet eine neue Landkarte unserer Vergangenheit. Wie lebten Kulturen mit Meeren und Flüssen, an Küsten und in den Bergen, wie entwickeln sich Gesellschaften in einem bestimmten Klima, welche Ressourcen nutzten sie und wie wurden sie dadurch selbst verändert? Was wurde in der Landschaft anders und wie reflektieren Sprachen und Kulturen ihre natürliche Umgebung? Was veränderte sich in ganzen Kulturen, als neue Pflanzen und Tiere aus anderen Kontinenten eingeführt wurden?

So verändert sich die Geschichte, die wir über uns selbst erzählen. Sie betrifft nicht mehr nur das, was Menschen mit anderen Menschen tun, indem sie sie besiegen und unterwerfen, sondern sie sieht menschliche Gesellschaften viel stärker im Austausch mit der Natur und sogar als Teil davon. Die menschliche Geschichte wird dadurch um nichts weniger faszinierend, aber es ist nicht mehr die Erzählung von Herrschaft, sondern die von Wechselwirkungen, Einflüssen, Verbindungen, Anpassungen.

Du kannst einen Fluss als eine natürliche Grenze sehen, die Länder oder Imperien voneinander trennt und so auch historisch eine Rolle gespielt hat, oder als einen immensen Lebensbereich ineinanderlaufender Lebensphasen und miteinander kooperierender Arten, der über Tausende von Kilometern starke und dynamische Verbindungen schafft, an denen die Menschen und Kulturen durch Handel, Ideen, Technologien und Reisen teilhaben. Beides sind legitime Perspektiven, die einander auch nicht ausschließen, aber die erste, die Grenzen, Konflikte und menschliches Handeln in den Mittelpunkt stellt, haben wir uns über Jahrhunderte erzählt, sie ist uns in Fleisch und Blut übergegangen. Höchste Zeit, die andere zu stärken, um unsere Denkmöglichkeiten auszuweiten.

Die Geschichte unserer Vergangenheit verändert sich unter unseren Händen. Du kannst die Evolution als eine Allegorie des Kapitalismus erzählen, als *Survival of the fittest* in einer grausamen Welt des Wettbewerbs, wie es Darwin im viktorianischen England getan hat, in dem der Kapitalismus praktisch erfunden wurde. Eine neue Generation von Wissenschaftlerinnen findet aber in denselben Daten und Beobachtungen viel mehr Indizien für erstaunliche Kooperation und Symbiosen in ungeheurer Komplexität, Evolution als Wunder der systemischen Verbundenheit und Abhängigkeit. Beide Erzählungen beruhen auf denselben Daten, führen aber zu ganz unterschiedlichen »objektiven« Lesarten der Wirklichkeit. Es ist an der Zeit, eine Seite zu betonen, die bis jetzt im Schatten der Unterwerfungs-Erzählung geblieben ist.

Warum ist das wichtig? Weil diese andere Geschichte, die nicht mehr von der Unterwerfung ausgeht, wie eine neue Sprache auch neue Möglichkeiten eröffnet, Mensch zu sein und die Aufmerksamkeit auf andere Möglichkeiten zu denken und zu handeln lenkt. Die Klimakatastrophe, das Artensterben, das Explodieren der Weltbevölkerung und die bedrohliche digitale Dystopie, im Kielwasser der Herrschaftserzählung entstanden, folgen dieser Erzählung noch immer und drohen das System Erde so zu schädigen, dass gerade unsere Art es schwer finden würde, darin zu überleben.

Eine Geschichte der Menschheit in der Natur und als Natur bietet eine Chance, aus einem anderen Blickwinkel über uns selbst nachzudenken, und damit auch eine andere Grundlage für zukünftige Entscheidungen. – So zumindest lautet die Theorie. In der Praxis mache ich mir keine allzu großen Hoffnungen, den Gang der Menschheit zu beeinflussen.

Hoffnungen. Da haben wir sie wieder. Ich mache mir tatsächlich Hoffnung, dass es möglich ist, unsere Geschichte und unsere Geschichten von der Bronzezeit und ihren Werten, von der Theologie und vom Prinzip der Unterwerfung zu emanzipieren und andere zu erzählen, die der Rolle und den Möglichkeiten von Homo sapiens auf diesem Planeten besser entsprechen, denn so können wir bessere Entscheidungen treffen. Ich mache mir nicht unbedingt Hoffnung, dass alle Menschen in dieser Richtung denken und entscheiden, aber irgendwo muss man anfangen. Die Ereignisse haben dann ihre eigene launenhafte Dynamik, und ich bin nur einer von Hunderttausenden, die daran arbeiten, die Welt oder doch zumindest einige ihrer Details anders verstehen zu lernen.

Aus dieser Perspektive heraus, mit einem aktiven Interesse an Möglichkeiten und Handlungsräumen, kann man die Geschichte der Gegenwart auch ganz anders erzählen, etwa so:

Wir leben am Anfang eines erstaunlichen Zeitalters, in einer geistigen Revolution, wie die Menschheit sie noch nie mitgemacht hat, in einer Zeit ungeheurer Entdeckungen, immenser intellektueller Schönheit und ästhetischer Lebendigkeit, von ungeheurem politischen Mut und transformativen Ideen, in einer Welt voller mutiger, fantasievoller und empathiebegabter Menschen, die bereit sind, sich einzusetzen für transformative, technologische und wissenschaftliche Durchbrüche, die noch vor wenigen Jahren undenkbar gewesen wären, wir leben an der Schwelle einer neuen Ära, die uralte Menschheitshoffnungen Wirklichkeit werden lässt.

Auch das ist eine faktisch richtige und empirisch beweisbare Beschreibung der Gegenwart. Aber es fühlt sich nicht so an. Nicht nur, weil diese Version so vieles auslässt, was uns den Schlaf raubt, sondern weil unsere Augen, die diese

Welt sehen, schon an eine Perspektive der Hoffnungslosigkeit gewöhnt sind.

Der Möglichkeitssinn kann helfen, diese Gegenwart auch anders denken zu lernen. Gegen die lähmende Gewohnheit und die scheinbare Übermacht der Tatsachen hilft der Wagemut des Hoffens (*the audacity of hope*, wie es Barack Obama so elegant genannt hat). Das gilt nicht nur angesichts von Kriegen und Katastrophen. Der Wagemut des Hoffens ist in jedem Leben nötig.

Stell dir vor, du triffst morgen jemanden, in die du dich sofort und tief verliebst. Ihr könnt zusammen lachen und träumen, spürt eine echte Intimität, habt großartigen Sex, ihr fühlt euch wohl miteinander und habt dieselben Ideale, wollt eine gemeinsame Zukunft, du ertappst dich dabei, wie du Paare und sogar junge Eltern mit neuen Augen siehst. Ein Universum von Möglichkeiten und Erwartungen spannt sich über euch auf. Aber du bist trotzdem nervös und nicht ganz sicher, ob du dich wirklich auf diese Beziehung einlassen sollst. Also googelst du Statistiken und wissenschaftliche Studien über die Chancen von Langzeit-Partnerschaften und bist bestürzt:

In vielen Langzeit-Partnerschaften sind Sex und Intimität bald der Routine gewichen, zwei Drittel aller Ehen enden in Scheidung, Fremdgehen und Entfremdung sind scheinbar die Regel (sonst gäbe es kein französisches Kino), und was bleibt, sind die Pflichten, die tödliche Gewohnheit, die Familienbesuche, die Verbindlichkeiten, die Steuern, die Kinder, die einen nicht mögen und die man nicht mag und die endlose Ansprüche stellen und Erwartungen enttäuschen. Dann kommen die erstaunlich hohen Zahlen von häuslicher Gewalt und Missbrauch von legalen und illegalen Drogen,

Alkoholismus und sexueller Gewalt bis hin zu Mord und Hass, Demenz und Altersarmut. Die statistische Wahrscheinlichkeit einer glücklichen Langzeitbeziehung liegt nach diesen Daten bei knapp sechs Prozent.

Warum also kommen Paare all diesen Tatsachen zum Trotz überhaupt zusammen und gründen Familien?

Weil sie entgegen aller Wahrscheinlichkeit und aller Statistiken glauben:

Für uns wird es anders.

Das ist statistisch dumm, denn bei diesem Grad von Wahrscheinlichkeit würde kein gesunder Mensch auch nur eine Straße überqueren. Hier aber sprechen wir darüber, ein ganzes Leben, das persönliche Glück, Jahre, die man nicht wiederbekommt, jemandem anzuvertrauen.

Andererseits aber ist gerade dieser Glaube gegen alle Statistik das Einzige, was es überhaupt ermöglicht, dass es geglückte Beziehungen geben kann, dass manche Menschen zumindest eine Zeit lang glücklich miteinander sind, dass sich Menschen trauen, etwas Neues zu schaffen: ein neues Leben, ein gemeinsames Projekt, eine Form der Schönheit, das Glück der Erwartung, eine Familie. Nur wer es trotz allem wagt, hat überhaupt eine Chance.

Aber was ist die Alternative zum hoffnungsvollen Wagnis? Geht die statistische Berechnung der Vermeidung von Leid nicht von der unsinnigen Annahme aus, dass ein Leben ohne Schwierigkeiten und Niederlagen möglich oder sogar wünschenswert wäre, dass ein Leben allein und ohne Risiken, aber auch ohne Intimität und ohne starke Bindungen und Erfahrungen, aus denen man lernt, ein Leben mit Helm und Ellenbogenschützern, Desinfektionsmittel und Versicherung für alles nicht auch seinen Preis hätte?

Der Selbsterhaltungstrieb bleibt wachsam wie ein Erdmännchen. Das schützt vor Verletzungen und Kränkungen. Aber das eigentliche Abenteuer des Lebens und Erlebens, der Empathie und des Eros beginnt da, wo ich etwas riskiere, mich öffne, mich verletzlich mache, Vertrauen investiere. Wie sagt mein Freund Naveen? »Ich fühle, wenn ich auf mein Leben zurückblicke, dass meine effektivsten und mir kostbarsten Momente die waren, in denen ich mich ganz auf die Verletzlichkeit des Handelns eingelassen habe …«

Für viele, vielleicht für die meisten jungen Paare wird das hoffnungsvolle Wagnis einer Beziehung nicht in lebenslangem Glück enden, aber das ist auch eine unsinnige Erwartung. Auch einige glückliche Jahre oder sogar Momente können das Wagnis rechtfertigen, und erst dieses Wagnis schafft eine offene Zukunft. Vielleicht ist die Möglichkeit eines geglückten Lebens klein, vielleicht liegt die Wahrscheinlichkeit nicht über sechs Prozent, aber ohne diese sechs Prozent wäre das Leben einbetoniert in die Welt, wie sie nun mal ist, und damit völlig unerträglich und aller Hoffnung beraubt.

Wir leben für diese sechs Prozent.

Mit Hoffnung leben heißt auch, die Möglichkeit zu schaffen, dass sich überhaupt etwas Gutes ereignen kann. Wer nur von den sogenannten Tatsachen ausgeht, davon, dass die Welt nun mal so ist, wie sie ist (oder wie sie dir vermittelt wird), dass die Statistik eben sagt, was sie sagt, braucht gleich gar nicht erst anzufangen mit dem Leben. Nur die Weigerung, diese Realität als gültig und unverrückbar anzuerkennen, nur die Revolte gegen die erdrückende Wirklichkeit öffnet eine Tür für Veränderung. Zugegeben: Dabei kann man sich böse die Finger einklemmen. Manche Türen aber öffnen sich zu ganz neuen Denkräumen.

Diese Revolte gegen die erdrückende Wirklichkeit wird zu einer täglichen Disziplin, zu einem Zugang zur Welt, zu einer Möglichkeit, Sinn in der eigenen Erfahrung zu verankern und einzuüben, denn durch Sinn entsteht Verbindung und ein Denken über Generationen hinaus und damit: Hoffnung. Was heute meine Wirklichkeit ist, was ich heute nicht kann, die Begrenzung, die ich heute akzeptieren muss wie eine Fessel, kann ich morgen oder übermorgen schon lockern, ich kann meinen Freiheitsraum ausweiten, indem ich meine Begrenzungen methodisch und täglich neu definieren lerne und ihnen eine Art Meisterschaft, eine Handwerklichkeit entgegenstelle. Vielleicht kann ich so aus sechs Prozent sogar etwas mehr machen. Diese Hoffnung ist kein konkretes Hoffen auf dies oder das, sondern eine Entschlossenheit, das eigene Leben in einen geteilten Sinn zu investieren, einen Möglichkeitsraum zu öffnen, etwas so gut zu tun wie möglich, sich in etwas zu investieren, was größer ist als du.

Und ja, mit ähnlichen Argumenten, mit Kollektiven und Gemeinschaft und dann auch gleich mit Blut und Boden, haben auch Massenmörder und ihre Vordenker hantiert, weil die Klügeren unter ihnen verstanden hatten, dass die Ziele der Menschen nicht rational sind, dass sie ihren animalischen Cousins und Cousinen oft näher sind, als sie zugeben möchten, dass sie über ihre Ängste und Begierden gesteuert werden können. Vielleicht hatten sie mehr über Menschen verstanden als diejenigen, die behaupten, dass Menschen von sich aus vernünftig sind und vernünftige Ziele und Strategien in ihrem Leben verfolgen.

Menschliche Prioritäten sind nicht vernünftig, weil Sex nicht vernünftig ist, und Liebe und Angst und unsere Sehnsucht nach Sinn, weil Hormone und genetische Zufälle nicht vernünftig sind, weshalb Menschen mit dem Erreichen vernünftiger Ziele selten glücklicher werden. Um in der Revolte gegen die erdrückende Wirklichkeit nicht unterzugehen und so den grauen Tatsachen doch noch eine offene Zukunft abzuringen, ist es eine philosophische Herausforderung, diese irrationalen, evolutionär gewachsenen Lebensziele zu feiern und zu stärken: Lebendigkeit, Eros, Verbundenheit, Empathie.

Hier ist ein seltsamer Gedanke: Mit Hoffnung leben heißt auch ganz einfach wieder zu lernen, dass du Natur bist, dass die Geschichten, die wir benutzen, Überlebensstrategien eines interessanten Primaten sind, Gerüste für unsere Erfahrungen, um diesen ewigen Strom in unseren Köpfen zu formen und zu organisieren, aber dass unter allen Geschichten der ewige Strom des Lebens fließt, aus dem alles auftaucht, um kurz danach wieder zu verschwinden, Moleküle, die sich immer neu verbinden, ein drängendes, drängelndes, überfließendes, sie entwickelndes, erbarmungsloses, herrliches, ewig kommunikatives Leben – und mit jedem Frühling sagt dir die ganze Natur, egal wie sehr sie geschunden ist: Es geht weiter, es geht weiter.

Es geht weiter. Für mich heißt Hoffnung auch, einen Ort in dieser Geschichte zu finden. Den Weg dahin erzähle ich als Drama, als Heldengeschichte, als meine und unsere gemeinsame Geschichte, denn wenn die beiden sich berühren, wenn ich die Ewigkeit in die Endlichkeit meines Lebens ziehen kann, dann weiß ich, dass ich ein sinnvolles Leben lebe, dass ich meine endliche Existenz zu einem Teil der kollektiven Existenz gemacht habe und dass meine körperliche Endlichkeit damit überwunden werden kann, denn etwas von mir wird weiterleben, weiterexistieren, als ein winziger, anonymer Teil des immensen Organismus, in dem wir alle leben, gelebt haben und leben werden, wie Diderots Moleküle, die sich in ferner Zukunft auf den Weg zu denen seiner Geliebten machen könnten. Ich bestehe aus solchen Molekülen, aus den Träumen der Vergangenheit, und was mich ausmacht, wird irgendwann Teil anderer Geschichten sein.

Du bist nicht nur ein hoffendes Bewusstsein, du bist auch ein hoffender Körper. Was du mit deinem Körper tust, die Praxis deines täglichen Lebens, steht in ständigem Austausch mit deinem Bewusstsein, deinen Emotionen, deinem Mikrobiom, deinen Hormonen, neuronalen Pfaden, Muskelgedächtnis, Gewohnheiten. Ich versuche, wenn es möglich ist, meinen eigenen Körper auf die philosophische Suche mitzunehmen. Für mich zum Beispiel ist das Erlernen von Sprachen oder das Geigespielen eine Art tätige Meditation, die mir hilft, meine Suche nach Autonomie in praktisches Können zu übersetzen, und bei dem ich, wenn ich großes Glück habe, tatsächlich in eine Art Flow gerate, währenddessen ich meinen Händen zusehe, wie sie fast wie unabhängige Wesen das Nötige tun, während mein Geist ganz frei ist, ruhig nachzudenken. Für andere ist es vielleicht die Kunst, das Mittelfeld auf einem Fußballplatz perfekt zu organisieren oder sich in Tai-Chi oder Radfahren zu üben, Tango zu tanzen oder auf Berge zu steigen. Das ständige Ringen darum, meine eigenen Begrenzungen auszuweiten, und die intime, verschwörerische Freude des Spielens mit anderen, die uferlosen Möglichkeiten großer Musik und die Ausweitung meiner eigenen Technik – das Verwirklichen von Freiheit in all diesen Begrenzungen – formen meine Gewohnheiten, meine Aufmerksamkeit, meine Haltung und meine Erwartungen auch, wenn ich das Instrument nicht in der Hand habe.

Wenn du vor der Absurdität des Lebens stehst, vor der Angst um die Zukunft des Klimas, vor der Unmöglichkeit, an eine rationale Ordnung oder Gerechtigkeit zu glauben, dann erfordert dein geistiges, persönliches Überleben genau das, was Albert Camus gefordert hat: einen Akt der Rebellion. Dieser Akt beginnt damit, Möglichkeiten zu schaffen und einen Sinn zu setzen, wo keiner ist, Möglichkeiten zu sehen, wo sie nicht vorgesehen sind. Dann geht es darum, für diesen Sinn zu leben, dich dafür einzusetzen, ihn zu erlernen, einzuüben und weiterzugeben. Dafür brauchst du eine Technik, die dir Wurzeln und Flügel gibt.

Wir leben nun einmal in Gesellschaften mit einer schwachen, bröckeligen Transzendenz. Und bitte, vermeiden wir das Missverständnis, dass das Leben in Gesellschaften mit starker Transzendenz besser sei oder jemals war, weil Menschen stabile Identitäten hatten und es ihnen vielleicht leichter fiel, hoffnungsvoll zu leben. In solchen Gesellschaften wurden Millionen von Menschen hingeschlachtet und versklavt, zahllose Menschen lebten in tiefster Ignoranz und ohne alle Hoffnung in bitterster Armut. Auch das gehört zur Logik einer Gesellschaft mit starker Transzendenz, in der Menschen ihr Handeln in dieser Welt ihrem Leben in der nächsten unterordnen. Das kann kein Ziel mehr sein, denn es führt sehr offensichtlich zu mehr Grausamkeit und mehr Gewalt in dieser Welt, und für diejenigen unter uns, die nicht an eine nächste Welt glauben, ist die Grausamkeit in dieser Welt alles, was zählt.

Wenn Gesellschaften mit starker Transzendenz historisch gesehen fast immer von Gewalt und Unterdrückung geprägt sind und wir Grausamkeit und Unterdrückung ablehnen und stattdessen nach Solidarität und Emanzipation streben, können wir uns auf keine starke Transzendenz verlassen, auf keine große, offenbarte Wahrheit, für die wir bereit sind zu sterben und zu töten. Dann können wir die Rechtfertigung unseres Handelns und Hoffens nicht an einen metaphysischen Nagel hängen, sondern müssen sie aus uns selbst heraus schaffen und lebendig halten – und das ist schwierig.

Dabei leben wir heute im globalen Norden in Gesellschaften mit einer ausgesprochen dummen Transzendenz, die alle Prozesse entweder nur als individuelle oder aber als abstrakte Fragen verstehen kann, weil sie sich ganz der Logik des Marktes unterworfen hat. Das ist nicht normal und auch nicht notwendig, es ist das Resultat von Entwicklungen, die auch anders hätten verlaufen können und die nicht in dieselbe Richtung weitergehen müssen, denn der gegenwärtige Zustand hält Menschen ängstlich und unsicher, kompetitiv und vereinsamt, so will es die Logik von Märkten, die immer neuen Konsum ankurbeln müssen, weil sie zum Wachstum verdammt sind. Von da kommt keine Hoffnung.

Je mehr die Welt der digitalen Simulationen und der Konsumversprechen dich einsaugt, je stärker ökonomisches Kalkül die Gesellschaft dominiert, desto schwerer wird es dir fallen, Hoffnung zu schöpfen. Und nein, das heißt nicht, dass du dich der Realität verweigern könntest, aber es bedeutet, dass es klug ist, dich selbst sehr genau zu beobachten, sehr klar zu sein mit deinen eigenen Gefühlen und Erlebnissen und Bedürfnissen.

In dieser technologischen, profitgetriebenen digitalisierten Welt die eigene persönliche Autonomie zu verteidigen ist schwer und wird schwerer werden, die Verführung des allmächtigen Systems unwiderstehlicher. Aber die Hoffnung liegt in der Autonomie, denn Hoffnung braucht Handlungsraum, Offenheit, die Möglichkeit, aus eigener Initiative zu handeln. Überall um dich herum gibt es Angebote, deine Zeit und deine Aufmerksamkeit gewinnbringend zu formatieren, Bedürfnisse zu befriedigen, Erfolgserlebnisse zu produzieren, planbare und wiederholbare Erfahrungen zu liefern. Deine Autonomie, dein Handlungsraum und deine Fähigkeit, so etwas wie Hoffnung und Verbundenheit zu kultivieren und zu stärken, können daran gemessen werden, wie weit sie über diesen Kontext hinauswachsen oder sich Wege in anderen, meist analogen Kontexten suchen und notfalls das Scheitern wagen. Das Werkzeug für diese philosophische Befreiung bewohnst du bereits: deinen Körper (und der enthält und produziert deinen Geist, deine Vernunft, deine Psyche, deinen Mind, dein Bewusstsein, deine Erfahrungen).

Jetzt verstehe ich! Was du suchst, ist eine Schubert'sche Hoffnung!

Ich war erstaunt, als du mir das gesagt hast. Ich hatte noch nicht so darüber nachgedacht, aber ich wusste sofort, was du meinst. Franz Schuberts Musik ist eine ewige Suche, ein Kampf, seine Einsamkeit und Hoffnungslosigkeit zu überwinden, um aus der Dunkelheit der Verzweiflung ans Licht zu kommen, an die warmen Strahlen der Sonne, die durch die Wolken bricht, bevor sie wieder vom Tumult des Sturms verschluckt wird – und manchmal, ganz selten, zerstreut sie die grauen Massen, und ein unfassbarer Trost schwebt über diesem Moment.

Eine solche Hoffnung hat aber auch ihre eigene, beißende Ironie, denn niemand hoffte mehr als der Komponist Schubert, und niemand wurde brutaler enttäuscht als der Mensch Schubert. Sein Leben war eine Kette von Konflikten, Niederlagen, Demütigungen und Krankheiten. Er wurde als Sohn armer Zugewanderter in einer Vorstadt geboren, von den fünfzehn Kindern seiner Eltern überlebten nur vier. Er selbst hatte nie genug Geld, um zu heiraten, für ein eigenes Zimmer oder auch nur ein eigenes Klavier. Bei einer Prostituierten zog er sich Syphilis zu, eine schreckliche Krankheit, die damals, am Anfang des 19. Jahrhunderts, noch unheilbar war, ihre Opfer von innen auffraß und in den Wahnsinn trieb. Gegen all das hatte er nur seine Freunde, mit denen er an langen Abenden eigene Kompositionen spielte, am Klavier improvisierte, andere begleitete und sehr viel Wein trank.

Als Sechzehnjähriger war er Hilfslehrer an der Schule seines autoritären Vaters gewesen, das war der einzige Job, den er jemals hatte. Neben dieser Arbeit komponierte er wie ein Verrückter, einige seiner besten Sachen entstanden in diesen Jahren, alle in einem unglaublichen Tempo, ungefähr so schnell, wie ein geübter Mensch sie aufschreiben kann. Die erstaunlichsten Werke sprudelten nur so aus ihm hervor, aber er blieb glücklos: Alle Posten, auf die Schubert sich bewarb, wurden an andere vergeben, Verleger interessierten sich lange nicht für seine Werke, er verdiente kaum etwas und lebte bei Freunden auf dem Sofa. Zeit seines Lebens gab er nur ein einziges öffentliches Konzert. »Ich fühle mich als den unglücklichsten, elendesten Menschen der Welt«, schrieb er an einen Freund. Seine Liederzyklen komponierte er teilweise im Hospital, unter schrecklichen Schmerzen und umgeben von sterbenden Patienten, im Kopf, ohne Klavier.

Kein Wunder, dass er sich, schwer krank und erfolglos, gegen Ende seines kurzen Lebens immer häufiger betrank. Was er verdiente, versoff er auch wieder. Als er mit nur einunddreißig Jahren an Typhus starb, muss ihm sein eigenes Leben als ein völliges Versagen vorgekommen sein. Aber wie viele Menschen inspiriert und tröstet er bis heute! Wie vielen Menschen hat seine Musik Hoffnung gegeben, gerade weil Schubert die Tiefen der Verzweiflung nur allzu gut kannte!

Schaffen wir es noch? Nein, wir werden die Klimaerwärmung wie andere Katastrophen nicht abwenden, und ja, das wird tragische Konsequenzen haben, vielleicht auch für dich, auf jeden Fall aber für Millionen von Menschen und anderen Lebewesen, denn nein, wir leben nicht in einem Cartoon oder einem Bollywood-Epos, in dem die Welt drei Minuten vor Schluss durch ein Wunder gerettet werden kann. Die Welt ist ein tödlicher Ort, an dem es trotzdem möglich ist, gut zu leben, zu hoffen, solange man sich von der naiven Idee verabschiedet, Hoffnung sei nichts anderes als eine Garantie auf eine bessere Zukunft, auf den endgültigen Sieg der Good Guys.

Schaffen wir das noch? Nein, aber das ist eine unsinnige Erwartung, siehe oben. Trotzdem werden wir von einer mächtigen Energie getrieben. Wir wissen von vorneherein, dass wir nicht »gewinnen« werden, dass es keinen endgültigen Zustand der Glückseligkeit gibt, der Unsterblichkeit, des Paradieses, denn wir wissen, dass wir alle eines Tages tot sein werden – und trotzdem stehen wir jeden Morgen auf und tun sinnvolle Dinge, setzen uns ein für Dinge und Menschen, die uns wichtig sind. Aus diesem wunderbaren Paradox kann Kraft wachsen. Hoffnung entsteht aus der Weigerung, sich einfach ins Unvermeidliche zu schicken, und am Ende stellt sich heraus, dass ein so betrachtetes Leben alles ist, was wir haben, das tägliche Leben und die täglichen Ängste und Träume und die tägliche Praxis, dass es nicht das Erreichen historischer Ziele oder das Vermeiden schrecklicher Katastrophen ist, sondern das tätige Leben und Lieben und Gestalten, die Verletzlichkeit des Handelns, der Bezogenheit. Es ist die Geschichte selbst, die spannend zu erleben ist, nicht ihr vorweggenommenes Happy End.

Der marxistische Politiker, Philosoph und Journalist Antonio Gramsci wusste das nur zu gut. Schon als Kind erkrankte er an Knochentuberkulose und blieb körperlich sehr klein, verwachsen und schwach. Von Mussolinis Faschisten wurde er zu zwanzig Jahren Gefängnis verurteilt und beobachtete die Katastrophe der Diktatur von seiner Zelle aus. 1935 schrieb er, bereits todkrank, in sein Notizbuch, das er vor den Gefängniswächtern versteckt hielt:

»Jeder Zusammenbruch bringt geistige und moralische Unordnung mit sich. Wir müssen nüchterne, geduldige Menschen schaffen, die vor den schlimmsten Schrecken nicht verzweifeln und sich nicht über jede Dummheit ereifern. Pessimismus der Intelligenz, Optimismus des Willens.«

NACHWEISE

9 Motto *Hat man sein* warum? … : Friedrich Nietzsche, »Götzen-Dämmerung«, in: ders., Werke in 3 Bdn., hg. von Karl Schlechta, Bd. 2, S. 944.

62 f. *Was wir erleben* … : Francis Fukuyama, »The End of History?«, in: The National Interest 16, 1989, S. 3–18, hier S. 11. Übers. PB.

68 *Einige fürchteten,* … : Hannah Arendt, »Days of Change (Die Tage der Wandlung)«, in: Aufbau: an American Weekly, published in New York, Ausg. Freitag, 28.07.1944, S. 16. Übers. PB.

69 *Nur wo diese Seite* … : Hannah Arendt, Vita activa oder Vom tätigen Leben. Stuttgart 1960, München 1967, S. 317.

69 Das Wunder …: Ebd., S. 316.

69 *wir sind niemals bei uns selbst daheim,* … : Michel de Montaigne, Gedanken und Meinungen über allerley Gegenstände, Bd. 1, übers. von Johann Joachim Christoph Bode. Berlin, Lagarde 1793, S. 18.

79 *In einem leblosen Universum* … : Kevin J. Mitchell, Free Agents: How Evolution Gave Us Free Will. Princeton University Press 2023, S. 419. Übers. PB.

86 *O meine Sophie,* … : Denis Diderot, Briefe an Sophie. Aus dem Französischen von Gudrun Hohl. Frankfurt am Main 1989. Brief vom 15. Oktober 1759 S. 51-58, hier S. 56.

104 *Die nachfolgenden Geschlechter,* … : Jorge Luis Borges, »Von der Strenge der Wissenschaft«. In: ders., Gesammelte Werke, Bd. 6: Borges und ich: Gedichte und Prosa. Nach der Übersetzung von Karl August Horst, bearbeitet von Gisbert Haefs. München 1982, S. 121.

121 *Amnesie führt* … : Rebecca Solnit, Hope In The Dark: The Untold History of People Power (Foreword, Location 184, Page N/A), https://www.supersummary.com/hope-in-the-dark/important-quotes (zuletzt aufgerufen: 12.06.2024). Übers. PB.

144 f. *Die Art von Hoffnung, über die ich oft nachdenke* … : Vaclav Havel, »The kind of hope I often think about«, in: Disturbing the Peace: A Conversation with Karel Hvizdala, transl. and intro. by Paul Wilson. New York 1990, S. 181. Übers. PB.

159 *Die starke* Hoffnung *ist* … : Friedrich Nietzsche, »Der Antichrist. Fluch auf das Christentum«. In: ders., Werke in 3 Bdn., hg. von Karl Schlechta, Bd. 2, S. 1183.

161 *Wenn es aber Wirklichkeitssinn gibt,* … : Robert Musil, Der Mann ohne Eigenschaften. Erstes und zweites Buch. Köln 2013, S. 19.

180 *Jeder Zusammenbruch bringt* … : Antonio Gramsci, Quaderni del carcere. Edizione critica dell'Istituto Gramsci, a cura di Valentino Gerratana. Torino 1975, S. 2232. Übers. PB.